Vision

一些人物，
一些視野，
一些觀點，
與一個全新的遠景！

你背負了誰的傷

從家庭的
原生三角關係，
療癒代際傷害

馮以量［馬來西亞家庭關懷及家族治療推手］

把此書獻給——
父親馮嘉治先生，母親楊玉和女士，還有我自己。

謝謝爸爸，謝謝媽媽，謝謝自己。

特別推薦

以量出書了，

《你背負了誰的傷——從家庭的原生三角關係，療癒代際傷害》，

我迫不及待地想讀，

再度體會他覺知生命的幽微、細膩的轉折處，

享受他表達經驗的熱情、果斷和勇敢。

他的生命故事會溫暖徬徨中的青少年、成年人及父母，

從錯綜糾纏的家庭關係中，整理每個人自己的處境，

繼續選擇適合自己的道路。

——**吳就君老師**

（台灣心理治療先驅．華無式家族治療師．退休教授）

推薦序／

別把自己弄丟了

文◎李儀婷（薩提爾教養．親子溝通專家）

這是一本找回自己的「療癒之書」。

隨著書中主角不斷變化，故事一再地轉換場景，但是永遠不變的卻是「每個人都在找尋愛與連結」的渴望。

以量老師從自身的故事出發，一路談及不同角色的不同人生故事，包含了「婚姻破碎下的孩子」、「失去老伴的沉默爺爺」、「患有思覺失調的暴力爸爸」、「扛起失責父親責任的病危兒子」……

這一個又一個的故事，以量老師都以穩定的力量陪伴案主走一段過往的傷痛，撥動早已僵化的心弦。其實，真正被陪伴的不是眼前故事中的角色，而是過往那個曾經孤單、憤怒與寂寞的「自己」。

一如此刻正在閱讀這本書的「我」。

故事裡，有個似曾相識的孩子，長期生長在夫妻不和睦的環境下，努力想為和諧的家庭盡一份心力，因此扛起了原本該屬於爸爸的責任；為了想讓家庭再和諧一點，長大後的他奮不顧身地扛起了家庭的經濟重擔。然而，爸爸和媽媽並沒有因此而感情和睦，反而愈行愈遠。不管再怎麼努力，都看不到美好家庭的樣貌，痛苦的他終於生病了。

生病的男孩，即使在病中，仍然沒有放棄想撮合父母的婚姻，卻遭受更大的打擊——父母早已經沒有了情感的根基，對於男孩的努力，父母根本不領情。男孩身心俱疲。拖著病痛的折磨，以及心靈的煎熬，他的世界終於垮掉了，再也承受不了任何風吹草動。毀滅的暴風雨瞬間籠罩著男孩。

男孩，多麼似曾相識，和我的故事有著許多雷同的內在，以及悲傷。

我亦是單親家庭下長大的孩子。不同的是，我是女孩，而家庭裡沒有扛起責任的是母親，與男孩的家庭剛好相反。

成長過程中，我也企圖想擔起母親的責任，幻想著只要做好分內的工作，離家出走的母親就會回來與父親團圓，與我們團圓。

然而，不管我怎麼努力做家事，如何幫忙洗衣服、洗碗，如何幫父親跑腿去雜貨店買醬油，甚至陪父親到市場買菜，我的母親都不曾回家團圓。

在那漫長的等待過程，身心肯定俱疲，但再怎麼疲憊，都抵擋不了父親因為情緒與壓力，脫口對我說出「你跟你的母親一樣，愛說謊！」，這指責語言所帶來的傷害。

我們每一個人都有傷。

我與父親，男孩與他的父母親。

而我們都想以超過自己能負荷的力量，去扭轉不幸，企圖討好我們所重視的人，卻因為努力的目標錯誤，而讓自己受到更重的傷。

我們愛著我們的父親與母親，所以我們願意為父母傾注我們的所有，卻唯獨不愛自己。

如何讓父母做回父母，如何讓孩子做回孩子，如何讓我們做回原來的自己，是這本書最想要給予我們的核心價值。

看完以量老師的書，我們都被療癒了，如果還能多說什麼，我想說的是：

「翻開這本書的我們，多麼幸運，因為我們是那麼值得善待自己，我們如此適合幸福！」

讓我們找回自己！

推薦序／因為在愛中，刀痕和吻痕，你都可以重新看待與選擇

文◎張輝誠（學思達創辦人）

讀以量此書，我腦海總想起薩提爾和夐虹的詩。

薩提爾女士（Virginia Satir）〈如果你愛我〉：「請你愛我之前先愛你自己／愛我的同時也愛著你自己／你若不愛你自己／你便無法來愛我／這是愛的法則／／因為／你不可能給出／你沒有的東西。」

以量此書最珍貴處，在第一篇現身說法，他描述自己於破碎家庭中成長（父親嗜賭負債、棄家躲債，母親罹癌病故），童年創傷日後如何如影隨形並產生影響（開始叛逆、抽菸、喝酒、曠課）。其後，他如何在幾次關鍵的「自我覺察」與學習中「領悟」——頭一回是每當他被拒絕、忽略時，隨之湧現而生的焦慮與不安全感。他慢慢覺察到這些情緒之所以出現，原來和過往遭父親遺棄、母親因病撒手人寰的經歷有關。他不再和往常一樣任由情緒淹沒自己，而是選擇一邊跑步，一邊自我對話，告訴自己：看見自己的不安全感，不會遺棄自己，會陪著自己。

啊！這個關節處，我認為是以量生命轉變的真正起始點，他把原先投射於外、難以掌握的期待，反轉向內，轉向自我可以全然掌握的內在，並且直接連結薩提爾女士冰山理論最深處的「渴望」與「自我」。以量終於接納了自己，無條件地接納自己，其本質就是「愛自己」。

以量過去期待被他人（父母、朋友）所接納、所愛，然而這樣的期待能否被滿足，決定權在於他人。但以量轉變了，他可以滿足自己、陪伴自己、接納自己、愛自己，如此一來，才真的把喜悅、平和、幸福和愛的權力重新拿回在自己手上。

以量的轉變歷程，都不是道理、觀點，而是真實的體驗。他體驗到渴望，由此產生力量、精神、生命力。

以量的演講、工作坊、著書，之所以感人肺腑、動人心弦，固是因他身世艱難、奮力向上，容易引起共鳴，但真正關鍵其實是在於他真實體驗、觸及、連結內在的深刻渴望，並善於將渴望與生命力，覺察出來（此書各篇名後的小標，都是直透「事件」，深入點出尋常人看不見的渴望），表達出來（如「在受傷的地方加愛」），呈現出來，甚至還能幫助他人連結對自我的愛。

以量全新能量的起始點，正是領悟並學會了「愛自己」。他連結了更穩定、飽滿、厚實的愛之能量，取之不盡，用之不竭；再由自身擴散而外，愛自己，也能愛他人。恰恰就如薩提爾女士所寫的：「**你若不愛你自己／你便無法來愛我／這是愛的法則／／因為／你不可能給出／你沒有的東西**」，以量愛自己，就能給出更多愛。

★

敻虹〈詩末〉：「愛是血寫的詩／喜悅的血和自虐的血都一樣誠意／刀痕和吻痕一樣

／悲慼和快樂／寬容或恨／因為在愛中，你都得原諒。」

第二回深刻領悟，是以量二十多年前參加吳就君老師的工作坊。吳老師用薩提爾女士在家族治療時常運用的「家庭雕塑」，將以量的家庭樣貌具體演示出來時，他看見了自己的家庭樣貌與關係，忍不住淚流滿面（這種感覺我很能體會。在香港頭一回看李崇建在台上雕塑一位教師的家庭樣貌，剛好和我家的狀態相似，我在角落旁觀著，一時百感交集，淚如雨下）、身體不斷顫抖，最後才將潛藏心底的聲音吶喊出來。

我以為這是以量的另一巨大突破，他突破了自幼以來「固著的舊觀點」，從委屈可憐的受害者，轉為可以自珍自愛的獨立者（可以同理他人、理解他人、憐憫他人）。

此一巨大突破，有兩層重要意涵。

一是以量在糾結纏繞的家庭關係，真正挺立起來，看清他人與自我的界線與影響，得到內心真正的自由（自由，也是體驗，不是道理，亦屬於「渴望層」）。

二是以量體會到了，原來同一事物（尤其是童年創傷經歷），是可以有「新的選擇權」。過去事物雖已不可改變，但卻可以「選擇」改變看待過去事物的角度、觀點和心態。簡單地說，就是「轉念」（轉念之所以發生，並不只在觀點轉變，更是透過感受，深入渴望，才容易真正發生力量，這也是一種體驗，不是一個道理）。

正因如此，以量開始從原生家庭中，覺察出更多新觀點、新選擇和新體驗。過去濃烈感受到的恨，現在可以在恨中發現愛；從前感受到父母的糟糕與不堪，如今竟意外發現了父母的為難與侷限；過去多麼埋怨父母，現在竟然開始心疼父母、原諒父母、感謝父母……

原來一切都是一體兩面，端看自己想要看到、執著哪一面，想不想看到全面。多麼像夐虹的詩句：「**喜悅的血和自虐的血都一樣誠意／刀痕和吻痕一樣／悲憫和快樂／寬容或恨**」，端看個人選擇，愛給人力量，也能沮喪人。

以量之可貴，就在於他看到了全面，他發現了愛，選擇原諒，願意接納。

★

以量深刻地走入內在的自我成長，連結渴望，湧現生命力，飽滿能量，堅毅挺立。他又勤於學習，富使命感，樂於助人。書中記錄了他如何幫助一個又一個破碎靈魂、困頓家庭、傷痕纍纍的人際、代際相互隔閡與傷害的故事，甚至陪伴臨終病人走向生命盡頭，深入每個人的冰山，敲開感受，連結渴望，引導轉化，終於走向成長、勃發與圓滿。

這些故事，極為動人。我感覺，每一則故事裡面，都有一個以量，他幫助眾人，就好像幫助自己。他經常把自己投射其中，隨著對方哭而哭、淚而淚；他充滿耐心，充滿信心，深富使命感。他知道可以幫助他們，只要對方願意敞開心扉，以量就可以幫他們做到。

以量知道，最終能幫助自己的，無非是自己本身。

他所做所為，就是讓大家覺察到這一點，就像他一路走來一樣。

自序／躲藏的傷痛被看見，療癒可以開始了

玩過捉迷藏的孩子都知道，躲在黑暗裡，是為了不被找到；然而，也是為了被找到。生命裡受的傷痛也是一樣，躲在傷痛裡，是為了不被看見；然而，也是為了被看見。

捉迷藏被找到，遊戲可以結束了。人受傷被看見，療癒可以開始了。

大部分的成年人都急著把受傷的自己藏起來，只顧著在別人面前展現光鮮亮麗的一面；如此做，無非是不想再受到旁人給予二度傷害。其實這世上有好多因童年傷害而把自己藏了起來的成年人，在深夜裡獨自舔傷，不為人知。

然而，這些成年人如我，卻暗地裡渴望自己的傷痛被看見、被讀懂、被諒解及被接納。

你知道嗎？有些傷痛，你要是沒有消化好，下一個被影響的人就是你的下一代。

我不想如此危言聳聽，然而，要是你願意做出一番觀察及思考，請問有多少過去的痛苦目前你還背負著的，已經不經意地決定了你及孩子們的生命？

在家庭裡，父母除了對我們付出關愛之外，也會在高度生活壓力之下，對我們輸出不同程度的傷害。有些傷害是父母傳給我們的；有些則是祖父母傳給父母，再傳給我們的。

譬如：有關家暴事件，當初被爸爸打的男孩，長大了之後，成為打兒子的爸爸。

又譬如：當初不停照顧媽媽的負面情緒的女兒，長大了之後，成為不停散發負面情緒給她女兒的母親。

這些一代傳一代，重疊、而且重複的傷害面貌，就叫做：「代際傷害」

（Transgenerational Pain）。

然而，我們不能輕易說凡是經歷代際傷害的孩子就一定會有「代際創傷」（Transgenerational Trauma）。一個人是否有「創傷」（Trauma），需要專業助人者為其做出整體的身心評估。就像我們一般人不能隨意說他人患憂鬱症是同樣的道理。這都是需要透過專業助人者對當事人的各種狀態做出評估，才能給予診斷。

讓療癒開始，進而重塑自己

在馬來西亞，我是一名臨終關懷推動者，也是提供哀傷撫慰（Grief Support）的心理輔導員。曾見過不少成年案主在童年時經歷過一些代際傷害，長大後不曉得如何安頓身心，而導致各個生活層面都頻頻出事。

除了提供一對一的對談之外，團體工作的「家庭雕塑」（Family Sculpting）也是我常使用的技巧之一。為了讓各位讀者更能讀懂書中有關家庭雕塑的過程，請允許我先在這裡做個簡介。

「家庭重塑」（Family Reconstruction）是薩提爾模式（Satir Model）的眾多助人工

具之一。我常在我的工作坊裡，邀請案主雕塑自己的原生家庭，並邀請其他學員扮演案主的模擬家屬。

透過模擬的雕塑及演練，我時而邀請案主再經歷一次過去曾發生的家庭經驗，也時而邀請案主站在外圍的角度，看清過去的自己曾在家裡所遭遇的種種。

這無非是想讓案主再一次地「看清楚」，多年前的代際傷害所帶來的衝擊，是如何影響著童年的他、青年的他及成年的他。

此外，我觀察到大部分的案主都是把過去的傷害掃進地毯下，以為事情過了，就算了。其實有不少的傷害會藏在各個案主的心靈深處，只等待被人看見及讀懂。

不管我們承認或否認，過去已成過去。然而，現在的我們可以改變如何看待過去的自己、過去的父母及過去的傷害。

家庭重塑並不是企圖要改變父母，也不是要重塑我們的原生家庭。最重要的是我們能夠如何從代際傷害裡，再一次看見自己、療癒自己、重塑自己——這是家庭重塑最重要的精髓。

所以，我寫了這本書，名為《你背負了誰的傷——從家庭的原生三角關係，療癒代際傷害》。

在這本書裡，我準備了二十餘篇文章與你分享。裡面的主人翁，包括我自己，勇敢地揭露屬於自己最真實且最殘酷的傷痛。我陪著他們，也陪著自己，一點一滴地把破碎的靈魂拼湊起來。每個真實故事裡所發生的過程，都曾經感動著我，所以我決定將其化為文字。

這本書，你可以當成一本簡單的故事書來閱讀，純粹讀著別人的故事。你也可以讀得很深，透過別人的故事，試著去讀懂你自己的內心。

要是你能因閱讀此書，而連結到那個把傷痛藏起來的自己，我恭喜你，你終於找到躲在角落獨自傷痛的自己了。我祝福你。

請允許我叮嚀你：要是你覺得這本書過於沉重，讓你喘不過氣，請你稍微把書蓋起來，給自己喝一杯溫水，暫時休息一下。

這樣做，你就是正在善待著那個傷痛的自己了。

讓我們好好陪一陪受傷的自己走一趟生命探索之旅。要是生命把挑戰交給你，請你面對它；要是生命把痛苦塞給你，請你轉化它。

我相信，只要有愈來愈多成年人願意堅持行走在自我療癒的道路上，就會有愈來愈多孩子們能在痛苦中被釋放。

祝願這世界有更多的大人不再隱藏自己，而是坦露自己；有更多的大人不再傷害自己，而是成長自己；有更多的大人不再傷害彼此，而是互予恩惠。

要是我們願意如此做，療癒可以開始了。

目錄

第二篇 你要記得今晚這個擁抱——做回自己的故事

目錄

前言／你背負了誰的傷？

在親子關係裡，有不少的成年孩子難免會承接著父母從上一代所傳下來的代際傷害。

這些願意承接父母一切喜怒哀樂的成年孩子，有人說他們比較體貼，有人說他們太過於愛父母；也有人批評他們不懂得愛自己，調侃他們或許是受傷的程度不夠嚴重，不明白他們為何要持續犧牲自己，去承擔父母所帶來的代際傷害。

我記得有一位案主曾經告訴過我：「其實我不是別人所說的如此善良、體貼，或心裡有很多的愛。其實都不是。我只是認定了我的父母是我生命裡最重要的家人而已。」

我想，或許就是這樣的親子認定，所以他們才選擇「背著」他們的父母。就是這樣而已。我們不需要美化這個舉動，也不需要醜化這個舉動。

與其背著父母，不如陪著父母

每當看見成年孩子背負著父母的生命，而犧牲了自己的生活，總教人心疼。這些成年孩子背著父母，試問誰來背著他的生命呢？

對於不屬於自己、卻屬於父母的代際痛苦，我想提供另外一個概念給你：與其背著父母，不如陪著父母。

背著父母，那是一上一下的位置，那是有階級之分的關係。

陪著父母，那是一左一右的位置，那是平等的關係。

背著父母，是我們要為他們的喜怒哀樂負責。

陪著父母，是我們尊重他們擁有屬於他們自己的喜怒哀樂，可是有我在陪著。

背著父母，只要發生任何事情導致他們難過（或生氣），那都是我的錯。

陪著父母，只要發生任何事情導致他們難過（或生氣），那不是我的錯。但是，我願意在旁陪著他們去承接自己所面對的負面情緒。

背著父母，是因為想要拯救父母，到最後因為自己的能力有限，雙方都成為被對方埋怨的受害者。

陪著父母，需要接受自己的有限，也允許父母的有限。清楚自己無法永遠拯救父母，因為我不是父母的父母。

背著父母，和父母之間的關係是零界線的，和他們成為了連體嬰。

陪著父母，和父母之間的關係是有界線的，大家都是獨立的個體。

當你背著父母，往後的日子，你會渴望自己的孩子用同樣的方式來背著你。

當你陪著父母，往後的日子，你也期許自己的孩子用同樣的方式來陪著你。

自己的選擇，自己負責

要是有時候父母真的需要你背著，可以，沒有問題，那就請在你有能力的時候，背著他們走一段路吧。

可是不能讓父母誤以為他們可以時時刻刻依賴你、操控你，而因此上了癮。就像有些成年父母也是一樣背著那些成年兒女的生命，其實沒有任何一個人該背負著任何一個人的生命而活著。

要是有時候父母不再需要你背著，你就放下吧。繼續站在父母的左右，你可以時而陪著他，亦時而給你自己自由，也給父母自由。

如果你覺得背了父母這麼多年，放下他們對大家來說都太殘忍了，你辦不到。沒有關係。請你不要自責，也請不要被我的文章而道德綁架。

要背著父母，或陪著父母，都是種選擇，也都被允許。

只要我們清楚地知道我們願意為自己的選擇而負全責，那就是最好的選擇了。

然而，至少我想，或許未來有那麼一天，當你的成年孩子想要背著你的時候，至少你可以選擇說：「孩子，不用，爸爸（媽媽）自己會走路。」

要是你能如此做到，就是從家庭的代際傷害裡，釋放了自己，也釋放了下一代。你的子子孫孫會很感謝你的。

這是一本簡單的書，說著一個不簡單的願望：「但願我們每一個人都能從原生家庭的代際傷害裡，看見自己、療癒自己、重塑自己。」

故事開始了……

第一篇

把破碎的靈魂拼湊回來

——以量的故事

我被爸爸遺棄了

——在受傷的地方，加愛

在我眼裡只是區區一件小事，居然可以掀開對方如此激動的情緒。我相信在那背後，一定是被許多過去還未消化好的往事而牽動著。

說實話，我真的很受不了已讀不回訊息這件事。一旦我交代別人事情，或者向別人詢問問題時，對方看了我的訊息之後，已讀不回，這舉動總是會勾起我內心劇場很多神經質的自我對白：

「看到了吧？你是不重要的，馮以量。」

「看來，他不怎麼喜歡我。」
「啊?!我得罪了他嗎？什麼時候……不是吧?!」
「太過分了，我已經等了三天，再不回應，我和你絕交！」
「這人做事真不可靠！他不喜歡我？我才不喜歡他呢！」

有時候，我向我的姊姊抱怨，她反而說：「嘿，你不要這麼神經質好嗎？不要以為大家都很有空，把所有時間都拿來陪著你，好不好？大家都很忙的。」

其實對於已讀不回，我會感覺到如此沒有安全感，全是因為小時候遇過一件事而受創。那就是我爸爸不見了，一聲不響地離開我們家，沒有交代、沒有回應、沒有消息。

已讀不回真的只是小事。其實我真正最受不了的是——我的爸爸不見了，而我被遺棄了。

要不是自己不斷地探索生命，說實話，為何別人一個簡單的已讀不回行為，居然可以挑起我如此波動的不安全感，這真的很令人費解。

所以我特別能體諒有些親友，有時候在我眼裡只是區區一件小事，居然可以掀開他們如此激動的情緒。我相信在那背後，一定是被許多過去還未消化好的往事而牽動著。

十歲的我，被爸爸遺棄了

那一年，我才十歲。

那天，放學後的我發現爸爸不見了。我問母親：「為什麼爸爸不見了？」母親支支吾吾地回應著不明確及不明朗的答案，我唯有靠自己從蛛絲馬跡裡尋找答案。

最後，透過姑姑們在客廳裡的一片謾罵及羞辱我爸爸的話語裡，才知道他欠了高利貸一筆巨款，無法還清。他懼怕高利貸來追殺，自己走投無路，唯有逃之夭夭。由於他把爺爺的家族生意也賭垮了，雜貨店被迫要關門，我的家人們有著說不出的怒氣。那怒氣，也直接影響了我。其實在那一刻，我是吸收了這些憤怒所帶來的身教——**直到我長大後，每每感受到被遺棄、被不重視、被不理睬時，我都特別的憤怒。**

「我被爸爸遺棄了」，這是年幼的我在那一年的解讀。

那一聲不響、一句話都沒有交代，就像那些已讀不回的無聲無息，讓我覺得是我的生命完全被父親遺棄了。

在他的眼裡，我們的生命居然是如此低賤、不重要。為了保住他自己的命，他可以把妻兒的性命棄之不顧，任由高利貸來到我們家，威脅我們。

被遺棄，這很傷。

對方沒回訊息，為何引爆我的焦慮？

自此之後，我無法忍受我在乎的人不理睬我。心裡彷彿就是有一個黑洞，一直填不滿，無論放多少關愛進去，都會被吸得光光。在親密關係裡，擔心會被遺棄，非常沒有安全感。

我所在乎的人只要稍微慢一些回應我，或者沒有回應我，或者音訊全無，這都是我最受不了的事。前提是這個人在我心中是有其重量的。其他的人沒有這種依附關係，對我起不了任何影響。

我知道自己無法擺脫這樣的人生腳本。其實我很清楚爸爸離開這件事已經發生多年，也沒有其他的人說要遺棄我；即使別人遺棄我，如今的我也有足夠的內在資源去面對。可惜，過去那童年的情緒無法被甩脫，使我非常沒有安全感，非常焦慮。

有那麼一天，我約了老朋友吃晚餐。從早上寄出去的簡訊，一直到傍晚都沒有回應。打電話聯絡了幾次，到了晚上六點，還是音訊全無。一股黑色的能量籠罩著我，讓我渾身不舒服。很自然地，內心自然啟動了自我對話的劇場。

我不停地問自己：「為什麼你這麼焦慮？」

「我不知道為什麼我這麼焦慮。」我聽見自己回答。

這種焦慮的感覺很熟悉。不全是因為朋友沒有回應，而是因為我的父親遺棄了我——可是，那已經是很久以前的事情了啊！

我的頭腦很不明白為何這份焦慮還是緊隨在身。有時候，甚至很討厭自己讓負面的情緒如此放肆。然而事實是那被遺棄的孤單及自憐，不管我怎麼想辦法要把它甩掉，卻還是甩不掉。

過去，我討厭這種感覺。但如今的我知道自己沒有辦法努力什麼，唯有臣服於這份感覺。

我知道它時而會來，也終究會走。

那天傍晚，我穿上球鞋，出門去跑步，到處亂跑。因為我不要待在家裡，讓自己沉溺於焦慮及不安全感裡。

直到大汗淋漓時，我告訴自己：

「在黑洞裡，為自己加一點光吧！其實我什麼也不缺。我看到了自己的不安全感，是如此的真實。你這個沒有安全感的小小馮以量，我沒有說我要遺棄你。小小的以量，我沒有說過要遺棄你。不管你是多麼不好、不開心的馮以量，我都會陪著你。」

既然拿不走黑暗，就在黑暗裡加點光吧。

既然拿不走受傷，就在受傷裡加點愛吧。

當下的我就繼續跑、繼續跑；微笑著繼續跑；微笑著持續跑了一個小時。到最後，連微笑也沒有了，只剩下不焦慮、不愉悅的平靜。

我沒有辦法改變已發生的過去，不過，沒有人說我不可以照顧過去那個受傷的自己。那被父親遺棄一整個童年時光的自己，辛苦了。

承諾自己：不遺棄自己，不嫌棄自己

回到家後，打開手機，看到有朋友的未接來電及簡訊。文字寫著：「抱歉，今天開會開了一整天，現在才有時間回電。很忙，抱歉。吃宵夜，任何時間。」

結果我們吃了一頓宵夜，而非晚餐。雖然他還是為此道歉，但我沒有去解釋什麼，只是笑笑地帶過。我們聊到深夜才離開。

過去的我一定不會再去吃宵夜，我一定會折磨對方，也折磨自己。我肯定會在簡訊裡回應一些尖酸刻薄的話語之後，開始自己生悶氣好幾週，直到氣消了，又再去聯繫老朋友。可是，我知道生命的成長不可以停在這裡。

我總不能把對於爸爸多年前遺棄我的憤怒，丟在任何人身上；也不可以把失去爸爸的哀傷，在他面前宣洩。要是這樣做，我想我一定是瘋了。以前的我就是個瘋子，自己親手去破壞身邊的重要關係。現在，我不再如此。

真的不干老朋友的事，全是我的人生腳本的事。**我把一件看起來簡單得不行的小事，不小心與過去的創傷重疊了**，演變成複雜無比。

我深信每個小孩都渴望能被父母擁有著。遭父母嫌棄或被父母遺忘，是小孩最懼怕的事情之一。為了能被父母擁有著，有些孩子需要生病、需要變壞、需要成績很好、需要很聽話等等。每個小孩都會使盡自身的法寶，只為了得到父母的關愛及注意。

孩子會透過他有限的能力來測試父母的反應。一旦某個行為能得到爸媽的關愛、怒罵或者有任何的反應，他們就會不斷地重複那個行為，只為了證明自己是被父母愛著的。遭到父母怒罵雖然不是關愛，可是至少好過被冷漠、被嫌棄、被遺忘。

直到我們長大後，依然會擔心自己被他人嫌棄及遺忘。所以，**要是我們在哪裡卡住，就在哪裡「停、看、聽」一下，去消化當初那些畫面裡的人、事、物，所帶來的故事**。你會逐漸發現，要是我們決定承諾自己：不遺棄自己，不嫌棄自己，其實外在環境的許多人、事、物，都無法再激起你任何的懼怕及焦慮。

那一夜在入睡前，我關上燈，給自己一個微笑。而內心黑洞的那一束光，我願它常被點亮著。

愛自己，是人生道路的大功課。請把那個受傷的自己給照顧好，畢竟我們都值得自己去疼愛，不再被自己遺棄。

難道你父親真的一點都不愛你嗎？

——穿越憤怒，延續那份愛

生命裡有很多「為什麼」是沒有答案的，而且它就是要這樣發生的。

在一場演講的問答環節裡，有一名觀眾寫了一張小紙條給我，希望我能作答：

「你說你父親沒有給你愛。難道你父親真的一點都不愛你嗎？」

我拿著麥克風，如此回答他：「不是的。那全是因為當初的憤怒及仇視掩蓋了真實的狀況。當成年的我慢慢把憤怒及仇視挪開後，有一個童年的畫面浮在腦海……」

父親唯一一次的叮嚀

那一年，我只有十歲。欠下一筆巨債的父親為了躲開高利貸，匆匆地離家出走。

我童年的那段日子，他有回來嗎？

有。只是每次他都還在半夜時分，靜悄悄地回家，然後把自己鎖在臥房裡；兩三天後，又靜悄悄地在半夜裡離開。

每次他回家，從來不主動和我說話，就只有那麼一回——那一晚，年幼的我在熟睡中，爸爸又要靜悄悄地離開家鄉。他站在床邊，不斷地撫摸著我的頭髮。

熟睡的我其實被他吵醒了，但是，那時我極度討厭他、嫌棄他，所以索性閉上眼睛，繼續裝睡。

他對我說：「仔，以後你長大，不要像老豆（廣東話：爸爸）這麼沒有用。」

當下我沒有給出任何反應，我嫌棄他所給予的關心。

他在半夜離開了。

隔了將近二十五年之後，成為心理輔導員的我在照顧一名臨終的男病人時，有一個困擾：我既討厭這名男性病人，卻又很聽他的指示。我彷彿被他催眠了，不由自主地被捲入他的掌控當中。

由於我和這名病人的互動是長輩與晚輩之間的課題，我的督導邀請我多談談與爸爸的父子關係。我將爸爸那晚對我說話的情景告訴我的督導。

她聽了，四兩撥千斤地對我說：「以量，你對你的爸爸實在忠誠啊。」

我不明白她的意思。

她繼續說：「這是你父親唯一一次給你的叮嚀。你不是一直都放在心上嗎？雖然你說不喜歡爸爸，然而你卻用一生的時光，聽從父親的指示，去成為一個有用的人。」

我的頭腦突然好像被用力敲了一下。「對哦！」

我用盡一生的努力，都在證明自己是一個有用的人，因為我不希望自己像父親一樣那麼沒有用。原來我是如此聽爸爸的話。我不僅僅完成了父親對我作為他兒子的期待，同時，也活出了連他自己都想要活出的生命樣貌。他做不到的，我為自己，也為他做到了。「成為一個有用的人」，這份價值觀緊緊連繫在我們父與子之間。

那一刻的看見，讓我突然覺得自己不再只是屬於母親，我也是如此孝順我的爸爸。

人生就只有那一個畫面能讓我憶起父親的溫暖。很可惜的是，當時我不懂得珍惜，而且還推開那份父愛。

要是有時光機可以將現在的我帶回到當初的場景，讓我以成年兒子的身分站在父親的身旁，看著他撫摸那小小以量的頭髮，我想我會站在那兒，對爸爸說：

「老豆，請你放心。謝謝你給小小以量這樣的一刻時光。這畫面對他起了很深遠的影響。他一直都很努力。他成為了你心目中那個很有用的人。小小以量很乖，他很聽你的話。因為你這句話，他用他的生命表達對你的忠誠及孝順。你記得要放心。我會繼續照顧他。你記得要放心。」

我想給那時候的父親一個擁抱

說到這裡，拿著麥克風的我繼續對觀眾說：

「要是還可以的話，我會給那時候的父親一個擁抱，希望他也同時有辦法照顧好他內心那個小小的自己。他沒有他爸爸給予那份父愛，而被迫經歷充滿坑坑洞洞的生命道路，他也辛苦了。穿越憤怒，就能延續那份愛。我父親是愛我的，而且我也愛著他。我沒有忘記這份愛。我講完了，謝謝大家。」

掌聲響起，我帶著微笑看著大家——這一刻，心底既澎湃又感動。我愈來愈可以接受**生命裡有很多「為什麼」是沒有答案的，而且它就是要這樣發生的。**

那晚，我在微笑中入睡。

要不是當初那一場心理劇

——「獨立自主」的啟航

我是我，我爸爸是我爸爸，我媽媽是我媽媽。
我們三個人各自擁有各自的命運，誰也不欠誰的，誰也不該背負著誰。

「要不是吳就君老師當初那一場心理劇，我的生命早就完蛋了。」

這句話，我不常說。然而每每搖著酒杯，喝著酒和家人們回顧往事時，說起當初那一段放棄自己的經歷，這一句對白總是會不由自主地跳出來。

說得誇張一些，我能活到今天，其中一個原因是因為吳就君老師救了我，是那天工作坊的學員們同步救了我，同時也是我救了自己，救了那一個當初頻頻想要自殺的馮以量。說穿了，我想自殺並不是真正想要了結自己的生命，只是想要結束內在那長年累積的痛苦。

我痛苦什麼？

探索自己過去的生命

「我最大的痛苦，就是我的爸爸害死我的媽媽。我爸爸嗜賭如命，欠下巨債，一聲不響地離家出走，導致我媽媽扛起所有的重擔。逃亡的爸爸，後來因為患上癌症，被迫回老家養病，不到三個月，在我十三歲時，癌末的他去世了。當時，家境更見貧困，我的媽媽得繼續扛著一家三代的生計。身為單親媽媽的她，蠟燭兩頭燒：早上是書記，晚上是裁縫師，夜以繼日地工作。為了分擔責任，我和姊姊在中學時期，一面念書，一面打工。然而，一連串的生活壓力還是讓我的媽媽病倒了。在我十五歲時，她罹癌；我十七歲時，她去世了。我一直堅信是爸爸害死了媽媽。這一切都是因為我的爸爸造成的，我很恨我的爸爸。」

那是二〇〇〇年，在高雄舉行的一個工作坊中，當著吳老師及十多位學員面前，我試著壓抑眼淚，說出自己在少年時所經歷的事。記得在工作坊的第二天早上，我懇請大家給我一次機會，讓我可以好好地透過家庭重塑，探索自己過去的生命。

說來就好像是老天爺安排好的事，那三天的工作坊，也只有我一名男性參加，學員們全是女性。而這非常吻合我父母的原生家庭背景：我爸爸是長子，他有一個弟弟、八個姊妹；我媽媽是長女，她也是有一個弟弟、八個妹妹。所以當我在挑選學員來扮演家人時，完全無須遲疑。我可以知道是誰能扮演我的阿姨，誰扮演我的姑姑、外婆、祖母、媽媽及姊姊。

整個家庭重塑過程的創作，我早已把細節忘光了，畢竟那已是二十多年前的工作坊。然而，有一幕場景，我想自己這一生永遠都不會忘記。

這一幕是長成這樣子的——

「我爸爸沒有害死我媽媽！」

吳老師安排兩張椅子，讓模擬爸爸及模擬媽媽坐在椅子上，對望著。接著請八位阿姨站在媽媽身後，讓外婆坐在媽媽的旁邊。

她另外安排我坐在爸爸身旁，面向著阿姨們，要我觀察這一幕自然產生的互動及對談——幾乎每一個阿姨都用手指指向我的爸爸，呼喊著：「是你害死了我們的姊姊！是你！是你！」

見到這一幕時，大量的哀傷及生氣突然從我的胸口爭先恐後湧上來，我很大聲地對著模擬外婆和模擬阿姨們喊了一句：

「我爸爸沒有害死我媽媽！」

其實在生活裡，我從來沒有聽過任何一位阿姨及外婆在我面前說過這些話語。然而，我強烈地感覺得到所有的家庭成員都認為媽媽嫁錯人，所以才活得這麼苦，才會死去。而我自己也是這麼認為的。

當下，這一幕讓我直接連結到年少時所背負的辛酸。要是爸爸不好賭，要是爸爸不逃離，我的媽媽就不會死了，我就不會是孤兒了。

我愛爸爸也不是，恨爸爸也不是。在「愛父親」與「恨父親」之間，我始終理不出一個所以然。我覺得自己既不屬於祖父的家，也不屬於外公的家。這麼多年來，我就是在逃離這兩個家，避免和所有的家人互動。因為每一次與家人的互動，都會挑起我內心對於當初爸爸離家、媽媽死亡的劇痛。

可是在工作坊裡，**這一次是我主動去遇見這個如此真實的自己。**

我不想再逃了。要是再逃，我就真的只剩下自殺這條路了。

記得那時，吳就君老師握住我的雙手，問我：「以量，你會怕嗎？」

「老師，我不會。可是我的雙手張不開，我雙手麻痺了。」當下我的十指緊扣，完全不聽我使喚。

吳老師再問：「你會擔心嗎？」

「會。一點點。」

「你對他們說說話。」老師用手指向站著的模擬阿姨們及模擬外婆。

「老師，我說不出口。」

真實生活裡，外婆和阿姨她們是我很尊重的女性。當初媽媽生病，是她們在身邊和我們一同走過那些難關。假如沒有她們，我真的不知道當初如何走過媽媽罹癌的那段日子。

吳老師再請我的替身站在我後面，請我的替身喊出聲音。

起初聽著替身的叫喊，我其實是沒有感覺的。直到當我和我的替身眼神四目交會，她流下的眼淚彷彿讀懂了我內心的痛楚，我也立即跟著吶喊。

這一生中，我不曾試過放開聲量，為自己遇到的困境而吶喊。當下，身體不停地顫抖著，眼淚完全不聽使喚地流下來。吶喊的聲音，到最後化為重複的話語：

「不是我爸爸害死我媽媽的！」……

其實這些話，不是說給阿姨或者外婆聽。

這全是說給那個一生中都在恨著爸爸的以量聽的。

那些父母死亡所帶來的傷痛、父母死亡之間所面對的苦難及糾葛，統統都被我喊了出來。到底我把這痛苦壓抑了多久啊?!

我一面哭，一面抬頭看著對面所有扮演我家人的女性，大家都和我一同流下了眼淚。

是的，我的爸爸沒有害死媽媽。當初我不懂，一直從受害及仇恨的角度看父親。撇開外婆及阿姨們心疼媽媽的角度，多年來，是我在催眠自己：「這一切的痛苦都是爸爸造成的。」那裡頭的想法，全是我沒有對爸爸有任何的關懷及同理。

當年，我在有限的思維能力之下，一口咬定我的爸爸是加害者，媽媽被迫成為受害者，而我卻很想做一個能拯救媽媽的男孩。可是，當時的我這麼年幼，拿什麼去拯救媽媽？我有什麼能力去扭轉媽媽所遇到的困境？

因此，**做不成拯救者的我，也成為了生命中的受害者**，不斷地埋怨爸爸、痛恨爸爸。痛恨爸爸為何讓媽媽活得這麼苦?!

其實，愛丈夫的媽媽一點也不介意扛起責任。爸爸在去世之前，緊握著媽媽的雙手，流露出充滿內疚的眼神，看著媽媽。這已經足夠清楚地說明，爸爸他知錯了。爸爸臨終時，我的媽媽其實早就原諒他了。只是一切都太遲了，我們都回不去了。

這是我人生中，第一次心疼我的爸爸。在工作坊裡，我替爸爸說好話，那是一種好奇怪的感覺：我心疼他其實就是一個沒有自律、沒有受過什麼教育，且一心一意想要把輸掉的錢給贏回來的男人而已。

展開「分化」的旅程

記得吳老師事後拆景，讓圈內只剩下我和模擬爸爸坐在椅子上對談。直到最後，我說出一句話：「爸，你要好好照顧自己。我會好好地照顧自己。以後我的生命長成什麼樣子，我都不會怪罪於你。」

這一場父子模擬對談，對我而言，啟航了我、爸爸及媽媽三人「分化」的旅程。**我是我，我爸爸是我爸爸，我媽媽是我媽媽。我們三個人各自擁有各自的命運，誰也不欠誰的，誰也不該背負著誰。**

我決定把自己從爸媽的夫妻關係裡，釋放出來。

就在這一刻，「獨立自主」這門功課，我在生命裡終於可以啟航去學習了……

是的，爸爸的生命是屬於爸爸的，媽媽的生命是屬於媽媽的，而我的生命則屬於自己的。我的爸媽不用為我的生命負責，正如我不用為爸爸的失責而負責，也不用為媽媽的傷痛而負責。我對自己承諾，往後的日子，即便有多潦倒，都不再是因為我的爸媽所造成的。一切的喜怒哀樂，好的憑以量、壞的憑以量，都是屬於我自己的，與他人（尤其是爸媽）無關。

允許自己不再躲避傷痛

讀到這裡，你可能會問：

「以量，生命的苦難，真的會因這場心理劇而結束嗎？」

生命沒有永恆的童話世界，也沒有無止境的悲慘世界。這二十多年來，痛苦依舊在各個生命階段裡，以不同的方式展現其面貌。但是在那一次的心理劇裡，我清清楚楚地看見問題、看見苦難、看見自己，並看見我和爸媽的**「原生三角關係」**。那是我人生很清醒的一刻，到現在，我心裡依然感受到那份踏踏實實的感覺。

「要不是吳就君老師當初那一場心理劇，我的生命早就完蛋了。」

這一句話，一點都不為過。我將這一場心理劇視為我人生重要的里程碑之一。謝謝吳就君老師，謝謝當天陪我走過的學員們，更要謝謝那一年二十七歲的自己。**是我允許自己不再躲避傷痛。**

愛自己這件事，即便跌跌撞撞，也要用一輩子的力氣堅持到底。

告訴自己：

「我看到了自己的不安全感，是如此真實。你這個沒有安全感的小小〇〇（自己的名字），我沒有說我要遺棄你。不管你是多麼不好、不開心，我都會陪著你。」

我討厭媽媽

——沒有一個孩子會喜歡叛逆的自己

孩子的叛逆，是一種想要瓦解父母不合理規則的過程，重新找到適合自己生存的規則。

我討厭媽媽。

小時候，每一次我媽總是硬把我拉去浴室，要幫我剪頭髮。每一次我都不願意，因為她剪得很醜。

每一次剪頭髮，就是我們母子倆關係衝突的時候，她罵我，我也罵她。到最後，我總是贏不了她，頭髮被剪得很醜，而且還常被打。

我小時候，爸爸的家人們總是滿嘴粗言。如果是在媽媽面前，我自然不會說出任何一句粗話，因為一旦被她聽見，我就會被捏耳朵、賞耳光、扯頭髮。

有一次，在二姨家的門前，我無意間說了一句在我們馮家再也普通不過的粗話，結果下一秒，我跌在地上，眼前滿天星，是媽媽用鐵砂掌巴我的臉，把我打在地上。那一秒，打死我，我都不會相信媽媽是愛我的。要是她愛我，就不會在二姨面前羞辱我。我真的不喜歡這樣的媽媽。

我沒有改變我的想法，我還是討厭媽媽。

我小時候，很期待年底的假期，因為可以早晚都在玩耍，雖然老師有分發假期作業給我們。

有那麼一年，我在剛放假的第一個禮拜，就完成了所有作業，打算在接下來的六個星期只是負責玩耍。結果，被媽媽發現我已做完所有的假期作業後，她拿著藤條鞭打我，硬要我用橡皮擦把所有的答案都擦掉，要我按部就班地重做每週該做的作業。我一面擦，一面哭。要是哭出聲音，還會再被多鞭打一次。試問怎麼會有這樣的媽媽呀?!功課明明就是做完了，還不能去玩？真是變態的媽媽。

這還不是最變態的。

記得我小時候，考完試以後，等待老師發考卷是我最害怕的時刻，也導致我對考試有創傷。為什麼呢？因為只要我考不到一百分，媽媽會拿著考卷，像讀論文似的搜尋每一個寫錯的字。而每一個錯別字，我都得用一本簿子重寫，直到寫完最後一頁為止。

是的。你沒聽錯，我沒有騙你。我媽媽比當今任何一位虎媽有過之而無不及。這種魔鬼訓練方式，我是一面不准自己哭，一面心裡臭罵這個媽媽。那時候的我已經不哭了，也不會哭了，因為我不要挨打。

每一次考試通常會得六到八個一百分，但我高興不起來。因為回到家，還有幾本簿子等著你去填寫。一個錯字，修正一本簿子啊！你想像得到嗎？

長大後，我都看懂了

我不討厭媽媽了。

十七歲的我，在病房裡握著她的手，握著那隻拿藤條鞭打我多年的手。我的媽媽，她生病了，再也沒有力氣打我了。多希望她能再一次站起來，狠狠地打我。

那一年，我十七歲，年十六凌晨零時十五分，我媽媽罹癌去世了。母子倆的緣分居然只有十七年而已。不短，然而也不長。

你說我還氣她鞭打我嗎？還討厭她掌控我嗎？不了。

她是一位教育程度不高的女性，不用鞭打的方式來教育我，還能怎麼做？

她很窮，窮到連帶我去剪頭髮的錢都得計算清楚。

她害怕，怕我像爸爸家的人那樣，滿嘴都是髒話。她既焦慮又擔心，我這個兒子長大後會像她的丈夫一樣吊兒郎當，什麼都無所謂。

她寄望我這個還會讀一點點書的兒子，總有一天可以出人頭地。每一次她鞭打我的行為，長大後，我都看明白了。

媽媽，你白打了。而我，也白挨了。畢竟，愛閱讀的孩子是不會變壞的。心裡有愛的孩子更不會變壞的。

其實你不需要這樣打我，我也會成為今天的我，這是我對自己很有信心的事。

媽媽，我不再討厭你了

媽媽是在一九九〇年農曆新年年十六的凌晨去世的。我們母子倆已經超過三十年沒有見面了。在這裡，我想要對媽媽說一些話。

媽媽，你還好嗎？我沒有再討厭你了，你知道嗎？

我想要告訴你，你從來不曾離開過我。雖然你已經去世三十多年，但我始終相信，死亡結束的只是你的生命，而非結束我和你的母子關係。我永遠是你的兒子，而你也永遠是我的媽媽。你曾給我的力量、關愛，也從不曾離開過我，都在我心中。

媽媽，你不知道長大後的我在學習輔導時，才發現自己是一個名副其實的「媽寶」。是的，我是一個沒有父愛的媽寶。

起初，我很抗拒這種「看見」。總是覺得在你的庇護之下，我無法長大。這也是為何我曾有一段叛逆的童年，常抗拒你給我的愛，不願讓你的雙手剪我的頭髮，不願讓你的雙眼看我的作業、我的考卷。

我很叛逆。還記得病末的你只能躺在病床上時，生氣地對我怒吼：「如果我現在可以站起來，第一件事就是要把你給打死！」

因為十七歲的我真的很不聽話，抽菸、曠課、喝酒。那一年，**我都快要迷失自己，也準備放棄自己了，怎麼還有力氣去成為你心中那一個聽話的兒子呢？**

回顧這些過去，我覺得現在的父母依然給孩子們很多規則，要孩子去遵守。這個不可以，那個不可以。有些規則是不合理、不合情，甚至不合法。甚至有些規則，只要把它們加起來，會發現它們是充滿矛盾的。例如：父母一方面要孩子聽話，另一方面則要孩子能勇敢地做回自己、表達自己——這是彼此矛盾及衝突的兩條規則，是行不通的。

孩子的叛逆，是一種想要瓦解父母不合理規則的過程，重新找到適合自己生存的規則。

所以，孩子每一次的叛逆，其實都在挑戰父母以前在原生家庭所遵守的家庭規則。要是爸媽願意從多方面的角度和孩子們討論，去聆聽、詢問、澄清，孩子其實不需要花費這麼大的力氣去叛逆。

畢竟，沒有一個孩子會喜歡叛逆的自己，包括我。我也很不喜歡那個討厭媽媽的自己。

當初那林林總總的掙扎，現在我只想告訴媽媽，我長大了，我已經擁有自主及獨立。我已經不需要你那些參雜著許多規則、滿滿的愛，那太讓我窒息了。

有趣的是，偶爾我還是會想念這些讓我生氣且叛逆的回憶。偶爾，我覺得能夠做你的媽寶是人生很幸福的事。我，真是一個矛盾的物種啊。

生命雖然很苦，但是不要放棄活著

媽媽，你在生病的時候，常告訴我：「生命很苦。」

然而，我看到你在面對生命的困苦時，依然不斷地和那份苦交戰。你每一次都不放棄去克服那困苦所給予的挑戰。至今，這不放棄的力量都還在我心中延伸著。

媽媽，你要是知道你的「不放棄」的精神，繼續在我心中不斷燃燒著，你會欣慰嗎？這些都是你給我的身教。你抗癌的毅力、面對死亡的豁達，直到你躺在棺木的那一抹微笑，都一一在教育著我：「生命雖然很苦，但是不要放棄活著。」

而我也因此延伸了一些對自己有幫助的想法：**「人，即使處於低谷，也不要失去相信生命可以是美好的。」**

媽媽，我並不覺得生命只是苦而已。我覺得這種苦，才真實；它可以被納入為生命美好的一部分。畢竟在苦難的背後，隨之而來的總是一份又一份厚重的禮物。

我的同事曾經問過我一個問題：「你去世的時候，最希望看到的是誰？」

我的腦中沒有閃過佛陀，也沒有想過耶穌或上帝。我根本不覺得自己可以超脫輪迴，也不奢望自己可以去到天堂。

媽媽，我腦海閃過的是你和爸爸的面貌。

我想，我最想看到的就是你們兩人。我以開玩笑的口吻回應同事，不過，我知道自己內心是認真的。

「我死了之後，不管我去到哪裡，希望我的媽媽可以迎接我，同時也希望我的爸爸在她身旁，等候著我的到來。」

我覺得能夠讓我們再次重逢的時空，才叫做天堂。

到時候，媽媽，我想，我會對你說：

「我的生命和你一樣，沒有什麼差別，還是一樣很苦。不過，在那份苦裡頭，卻有著不一樣的畫面。**我的生命雖然苦，可是也擁有同等的精采**。你要知道，這精采的畫面，是延續著你那不放棄生命特質而延伸的。所以，我生命的精采，你有一定程度的貢獻。謝謝你教會我要好好地活著，媽媽。」

當然，到時候，我一定不會忘記給你，也給爸爸深深的擁抱。這是肯定的。

不過請讓我先說清楚，再見面時，請不要再幫我剪頭髮了，好嗎？因為真的很醜。

謝謝你，媽媽。我愛你，媽媽。

我努力掩飾，卻弄丟了自己

——讓自己的內在空間繼續變大

大部分想要自我了結的人，其實只是想了結自己不要的痛苦，而非真正想結束自己的生命。

那一晚，我和好久不見的老同事見面、喝酒。年輕的我曾是一名工程師，我們倆一同工作了四年。

我辭去工程師之後的那一大段日子，我們都沒有聯繫彼此。由於疫情之故，透過臉書聯絡上了，他主動說「我們見個面吧」。

喝了幾杯後，微醺的兩人把自己的人生話題都攤開了來談。那一晚，我們暢所欲言。

我對他說：「你知道嗎？我和你們一同工作的時候，那段日子，是我最想自殺的日子。」那一年，我只有二十三歲，每天都想著要自殺。

老同事說：「真的啊？」

我繼續說：「你還記得有一個地方，我們時常去喝酒的？」

「我忘記了。」

「我也說不出那個地方的名字，只記得那是舊街的對面。我們喝酒的那時候，眼前的道路都在塞車，吉隆坡到處都在蓋高速公路。」

「對對對。有一個大大的黃色招牌，在我們喝酒的酒吧右手邊。」

「對對對，就是那個酒吧！那是我們以前一群同事時常混在一起的酒吧。」我說：「不曉得你記不記得，有那麼一次，我故意請你們所有人喝酒，最後說：『明天上班不要遲到，我們準時見！』其實那一晚，我是打算把自己給『搞定』。」

「以量，真想不到你也會這樣想不開。」老同事說。

我拿起酒杯，邀他碰杯。「**現在回頭看，沒有什麼關卡是跨不過的**。那個時候是自己傻，自己的責任想自己扛，又不願告訴別人我面對的壓力。」

「一點都看不出來。」

「是啊。那一年，我很努力在掩飾……」

我努力掩飾什麼？因為我怕別人（尤其是上司及同事）看見我其實就是一個極度憂鬱的高材生。我是化學工程學士一等文憑畢業，畢業前，有三家跨國公司搶著要聘請我。在這樣的情況之下，我更加不可以輸。

因為愛面子的緣故，在人前、人後，我像是兩個人。我掩飾所有不開心的一面，害怕被大家看見之後，他們會瞧不起我。我努力去掩飾，希望有成就，可是卻弄丟了自己，這也是為何自殺的念頭頻頻湧上心頭。

隔了二十多年，這是第一次，我可以好好和一位老同事說明那晚我想自盡的一切。

不再逼自己變成完美的強者

我很感恩自己還有命能坐在酒吧，繼續與老朋友高談人生。我也很慶幸，那件自盡的事情沒有發生；要是真的發生了，我不僅僅對不起這一群老同事，也對不起愛我的家人及朋友。

而其實，**那個當下的我最對不起的是自己——也就是現在的我，還有所有未來的我。**

如今回顧，那都是想不開，而且愈陷愈深的一種輪迴狀況：想不開，又覺得自己很可憐；很可憐，又繼續想不開。然而，又要在別人面前撐起一種很能幹、很有知識、很有能力的樣貌，導致裡裡外外都不是人。這不把自己殺死才怪。

我特別羨慕那些可以把失落變小，把痛苦變無的人們。而我，在心底裡，很清楚地知道不管時間過了多久，自己的痛苦並沒有因時間而沖淡，更不要說消失了。

從事哀傷輔導的紐西蘭諮商心理師Dr. Lois Tonkin說過一句話：「失落並沒有變小，其實是我們讓自己的內在空間繼續變大，是我們讓哀傷『看起來』變小了。」

這句話，恰恰好是我前半段人生的縮影。是的，是我讓自己的內在空間變大了。

我們不歡迎任何苦難的到來。不過既然來了，我們就得去接觸它、認識它。不懼怕地去正視痛苦及失落，不畏縮地去瞭解痛苦及失落所帶來的種種面貌。

如今，過去累積的所有痛苦並沒有變小，只不過思維的角度多了、討論的空間大了，心的空間也跟著變寬了。那些痛苦，在我內心都一一裝得下去了。是我決定讓內在空間變大了。所以，我不用死了。

以前的我，急著想要以成就來包裝脆弱的自己。

如今，我心裡有足夠的勇氣，去正視自己的脆弱、受傷、暗黑及醜陋等，而不再一味地逼自己變成完美的強者。

大部分想要自我了結的人，其實只是想了結自己不要的痛苦，而非真正想結束自己的生命。

回想當時，**我認為自己最重要的一步，就是「說了出來」**。說給一些我信任的人聽：我不是一個堅強的人，我內心有很多苦惱，我對生命有很多困惑。我不需要包裝自己、掩飾自己、逃避自己，而且我也能自由地把眼淚流下來了。當初強顏歡笑而把眼淚吞回去的自己，才是我最心疼的自己。

終於可以把以前說不清楚的事，都說得再清楚一些了。這是一晚很有意思的對談，謝謝你，老同事。

提醒／

不是所有人都需要回顧原生家庭

當一名助人者邀請你回顧原生家庭，到底我們是要回顧什麼？

回顧原生家庭，不是揭瘡疤的概念。

當傷口被助人者一掀開，血流不止，如果助人者不會把傷口縫回，這是危險的。

所以在**尋找助人者來陪伴你探索原生家庭時，必須嚴謹。對於沒有助人專業的實務經驗及訓練背景的人，請你真的要格外謹慎。**

身為助人者的我們，也不能輕易地邀請每個人都務必回顧原生家庭。因為你不知道你打開的「潘朵拉盒子」，裡頭裝的到底是什麼。因此，**這一切都取決於當事人的意願、能力及準備程度來決定。**

回顧原生家庭，不僅僅是發現代際傷害的源頭而已。

能發現源頭是很可貴的，不過，不能只停留在這裡而已。

如果當事人執意停留在這裡，難免會掉入一種「我就是被當初的你們害成現在如此田地」的受害狀態。

受害的狀態，會讓人在改變歷程裡更沒有動力。

回顧原生家庭，我們可以由此出發，重新再做選擇。

我們需要相信：過去的一切，都是自己與別人共同參與（或不參與）的創作過程。

當我現在看見了問題、發現了源頭，我要知道我可以做出不一樣的選擇。重新調整自己的思維，運用更成熟的自己，做出更貼近自己的選擇。

你可以說這是「再創造」，也可以說這是「再選擇」。這就是一趟踏踏實實去重塑自己的旅程。

回顧原生家庭，可以探索很多脈絡。

為了不讓大家讀起來太複雜，我在這裡提出三個比較重要的脈絡，給大家作為簡單的參考。

第一、探索爸媽的夫妻關係

我們可以探索自己的爸媽，他們之間的權力是如何分配，他們之間的責任是如何運作，他們之間的夫妻關係是如何經營。尤其是他們倆如何消融彼此之間的差異。

這些都是你小時候爸媽所給的身教，滋養了，或者傷害了你。

第二、探索爸媽的原生家庭

我們可以探索自己的爸媽是如何在自己的原生家庭長大的。他們在自己的父母教養之下，如何塑造他們成為一名男性及一名女性。他們的原生家庭，如何讓他們擁有如今他們對於成敗、名利、生死等的看法。當然也要去瞭解，他們是如何因應衝突及面對苦難。

這些，都是他們從原生家庭所學習，而且傳承給你的身教及言教，成為了你的正面資源，或許也成為了你的負面傷害。

第三、探索自己當初在原生家庭的早期選擇及決定

我們可以探索自己的爸媽各自給予我們的家庭氛圍及經驗。這些種種會決定了我們喜歡或不喜歡父親或母親。同時，爸媽各自對我們的付出及關懷（甚至是遺棄與傷害），決定了我們怎麼看待自己：我們比較喜歡自己，還是討厭自己。

我發現有太多遭到父母傷害的成年孩子，都覺得自己很差、不值得被別人來愛。這些都是早期的自己以很有限的思維角度，來看待事情及看待自我，而導致的扭曲。

總的來說，回顧原生家庭，基本上就是探索這三個層面（當然還有更多）。這是基本脈絡的探索，讓你能「見樹又見林」；讓你能看見自己是如何在這兩座「森林」裡，逐步長大的。

請允許我苦口婆心地說：

「記得，探索原生家庭，不能只停留在『發現』的階段。要知道，我們每一個人都有『再選擇』、『再調整』、『再創造』的重塑機會。」

回頭望，或許你無法改變爸媽的夫妻關係及他們的原生家庭的種種。然而，不要忘記，**你孩子的原生家庭，正由你與你的伴侶在打造。**

因此，屬於你自己的生命、你和配偶的親密關係、你和孩子們的親子關係，這裡面，你有太大的決定權及影響力了。

過去已發生的，確實是無法改變，可是我們可以改變「如何看待過去」。把這份再創造所帶來的改變，帶入你現在創造的家庭裡，成為你及你的孩子們未來的力量。

回顧過去，全是因為想要活好當下及展望未來，這才是我們探索原生家庭的動機所在。

第二篇

你要記得今晚這個擁抱

——做回自己的故事

你會放棄我嗎？

——讓你自己變回你自己

缺乏愛的關係裡，還可以添加愛。
但是缺乏信任的關係，很難再前進。

「你會放棄我嗎？」

輔導室裡，一名二十一歲的大男孩這樣問我。

這是我從事輔導工作多年來，第一次聽到個案如此詢問。我知道其實這個問題，男孩最想問的對象是他的父親。如今，他把這個問題投射在我身上。

我愣了一下。他再次追問：「你會嗎？」

說實話，這樣的問題還真不容易回答。

和他一同坐在輔導室裡的母親正想要替我解圍，我主動先回答：「我不會放棄與你一同成長，除非你先放棄我。」

這是他第三次坐在輔導室裡。聽到我的回答，他轉頭答應媽媽：「往後的每個禮拜五晚上，我都會來這裡接受輔導服務。」

信任，很重要。

信任，很重要。

信任，很重要。

因為很重要，所以在這裡要說三次。

在任何一段關係裡，最需要的、最基本的未必是愛。反而很多時候，最基本的是「信任」。缺乏愛的關係裡，還可以添加愛。但是缺乏信任的關係，很難再前進，因為一旦背叛發生了，不是說修復就能修復。

我眼前這個年輕人到底經歷過多少次的失望及挫敗，導致他務必先得到我的口頭承諾，才願意繼續接受我所提供的輔導服務？

結束對談後，當我在個案的對談紀錄表寫著這一句「你會放棄我嗎？」時，心裡也不禁酸了一下。我不是沒有被父親拋棄過，我比誰都更懂那種心酸。我清楚地知道這個大男孩也是很擔心到最後，我會像他爸爸一樣，不再理會他、不要他，也不見他。這種被自己親生的父親嫌棄，真的不是普通的難受。

他成了父母的心靈垃圾桶

正在服兵役的二十一歲大男孩，個子健碩、黝黑，無框眼鏡掛在鼻梁上，有著一雙單眼皮的鳳眼。全是因為母親堅持要他來接受輔導，他才半推半就地出現在我的輔導室裡。

每一個禮拜五晚上，我都會特地留在輔導中心，與他進行輔導。每一次，他都一定穿著軍服，與媽媽一同前來。

星期五傍晚，他才從兵營回到市區，願意抽出晚上寶貴的時間來見我，實屬難得。星期五晚上及星期六是他僅有的休息時間，星期日又要回到兵營繼續服務。

「被別人放棄」，一直以來都是他最大的生命功課。

父親是酗酒、不講理的大男人。母親則是過度焦慮、患有輕微憂鬱症的女強人。除了父母，他還有一個大五歲的哥哥。

父母因為婚姻破碎，在他八歲時離婚。離婚後，爸爸在祖父的要求之下，一心一意只想奪回身為長子的哥哥來撫養。爸爸不想要身為二兒子的個案跟隨他。媽媽也因為幾年後的再婚，把個案留給外婆撫養長大。

父親放棄他，因為他除了各方面不比哥哥優秀之外，最致命的是：他不是長孫。母親放棄他，因為母親的新婚丈夫要求不要讓男孩和他們一同居住。他們倆要打造另一個屬於夫妻的新天空。

在這種格局裡，男孩嘗盡了與父母分離的痛楚，幸好，還有外婆願意守候在旁。

然而，雖不與父母同住，他卻總是夾在父母中間。

從小到大，父親和他見面時，總會在他面前說媽媽的壞話；母親也會在和他見面時，數落爸爸的不是。求生能力非常強的哥哥，在祖父的庇佑之下，有辦法避開爸媽夫妻倆之間的糾纏及仇恨。哥哥不過問、不干涉，也不關心這個弟弟。

反而這個大男孩，為了可以和爸爸及媽媽靠近，他願意試著去聆聽爸爸、媽媽內心受傷的話語，心底只希望爸媽不要遺棄他。他不介意成為他們的垃圾桶，所有的不快樂都可以往他心裡頭塞。與其成為父母的心靈垃圾桶，他更不想成為爸媽的隱形孩子。

可憐的是，個性內向的他不懂得分辨黑白是非，漸漸地，變成了父母離婚之後的代罪羔羊，吸收了許多婚姻關係之間的醜陋、憎恨、憤怒等等。父母的不同人生價值觀，就像兩道不同的瀑布往他的頭腦衝去，使他無法負荷。

不幸，在他十七歲時，外婆去世了。生命中唯一可以給予他美好的人消失了。他也隨之在中學時期崩潰了。他不是把自己孤立在房間裡，就是在學校操場上，拚命運動。他開始聽到外婆對他的呼喚，他也開始對著空中說話。他沒辦法完成學業。而現在，他也無法融入兵營的新環境。

曾有一位臨床心理師診斷他患了思覺失調症，另一位精神科醫師則診斷他患有憂鬱症。情緒不穩定的他需要長期服用鎮定劑。

我是一名輔導人員，不是心理師，也不是精神科醫師。他很清楚我沒辦法診斷他患了任何精神疾病；也沒資格開藥給他服用。

我只是知道他受傷了，從小就處於不開心的狀態。人生沒有期待，沒有希望，沒有父母給予的歡樂與愛，試問：有哪一個孩子可以憑自己的能力，去解決這麼艱難的生命功課？

也因為如此，我特別願意陪他。陪他成長，就像陪著當初年少的馮以量。那是一個無父無母的孩子，也是一個迷失的男孩。

「愛自己」與「愛別人」，一個都不能少

有一次，得到他的允許，我想讓他看見，他的心理狀態長成什麼樣子。

在輔導室裡，我扮演他的爸爸。我叫他媽媽拉開他的右手，我則拉開他的左手。我和媽媽互相拚命拉扯，他被我們拉得團團轉。我不斷重複在罵他：「沒用！真像你媽媽，蠢得要命！」

我也叫媽媽不斷地罵他：「你真沒用！為什麼這麼像你爸爸?!」

在持續吵鬧地責罵之下，他那壓抑已久的苦澀終於被釋放！

他用力甩開我們的手，獨自蹲在地上，拚命哭泣著。媽媽看到男孩抽泣，自己也

悄然落淚。

他摘下了眼鏡，我看到那雙鳳眼流出來的眼淚一滴又一滴地掉落在地毯上。眼淚會說話，說的盡是委屈的吶喊、無奈的呼喚。

當初的他只是個小男孩，為什麼要承受大人所無法承受的苦？為什麼要面對父母的拋棄？為什麼他得這樣被對待？

我讓他哭泣。這是他第一次在我的面前哭泣。要在別人面前，呈現自己最脆弱的一面，我知道這一點有多不容易。

數十秒之後，我靜靜地蹲在地上，對他說：「你做得很好！」

他不好意思回應我，也沒有心理準備，我竟然會針對他的哭泣給予稱讚。

低著頭的他說：「給我一張紙巾。」話還沒說完，媽媽便連忙把紙巾遞上。

接著，我問他：「你有什麼話要告訴我嗎？」

他擤著鼻涕，說：「我很辛苦。」

「這份辛苦好像沒有一個人能懂。別人都說你有問題，其實他們一點都不懂。」

聽我這麼說，他不停地點頭。其實這些話，也是年少的我自己曾經歷過的。

「你有什麼話要對我說嗎？」

「我可以做些什麼？」

「這個問題問得好。讓我反問你：**你可以做些什麼？**」

「我不知道。」

「你想一想再告訴我。**你可以做些什麼？**」

他停頓了一下，還是說：「我不知道。我也不會。」

「如果我把答案說出來，你會聽嗎？」

「我會。」他的眼神充滿了肯定。

「真的嗎？」

「嗯。」他點點頭。

「我說啊，**讓你的爸爸是爸爸，你的媽媽是媽媽，你才能成為你自己。**讓爸爸繼續發牢騷，不理睬你；讓媽媽繼續憂鬱、焦慮，過度關心你。讓你自己變回你自己。」

「我自己？」

「你好久都沒有做回你自己啦！」

「我自己？」

「是的。一個可以開心，可以歡笑的自己。即便不能開心，不能歡笑，都要陪著自己。懂嗎？」

他似懂非懂地點點頭，給我一個淡淡的笑容。

說實話，其實，哪一個才是真正的自己啊？

是犧牲自己、去愛家人的那個自己，才算是自己？

還是拒絕家人、去愛自己的那個自己，才是自己？

哪一個才是自己？**此時此刻的你，最想要關心哪一個自己？**

說穿了，人們窮其一生都是在尋找「愛自己」與「愛別人」之間的平衡點。

這兩個面貌的自己，都是屬於自己的，而且一個都不能少。

我猜，他可能不懂如何找回自己。不過，至少我們找到一個正面的方向。

事後，我邀請他向媽媽說些感恩的話。他說：「媽媽，接下來，我想找回我自己。可以嗎？」

媽媽很感動地拚命點頭。

他繼續說：「媽媽，我可以不再理會你們大人的事情嗎？可以嗎？」

媽媽拿著紙巾，不斷為自己，也為男孩抹掉母子倆的眼淚。

其實媽媽這幾年來，如此奔波地為二兒子尋找精神科醫師、心理師及輔導人員，無非就是希望男孩可以成為自己。

即將步入中年的媽媽，也有自己的功課。她很後悔當初過於忽略自己的二兒子，導致如今他的心理健康每況愈下。

我突然想起之前男孩的那一句「你會放棄我嗎？」，我主動邀請他，說：「如果你願意的話，你可以再做一次冒險。你可以在這裡擁抱你媽媽，感謝她。過去的她可能放棄了你；不過在我看來，至少她現在沒有放棄你，你也可以選擇不放棄你自己。」

離開之前，媽媽緊緊地握住我的雙手，表示感謝。

我拍拍大男孩的肩膀，對他說：「我們下個禮拜五晚上再見嘍！」

「好的！」

這一次他給我的笑容特別燦爛。

找回心中失去的兒童樂園

每當被爸爸遺棄的男孩及女孩出現在我的輔導室，我都異常心疼。從他們的故事中，我看見自己也曾遇過類似的故事。所經歷的雖然不完全一樣，然而，內心的受傷面貌很相似，我們也只能自己在深夜裡，孤獨地慢慢舔著埋藏在內心的傷口。我特別能理解，也特別能體會。

這一趟，難得這個男孩可以如此敞開地，把受傷的經歷再一次消化，而且重新整理，我心裡對他實在欽佩不已。

每每陪伴男孩們一步一步地長大成為男人，看似我的功能很重大，其實從另一個角度看來，也是這些男孩陪著我，一次又一次地，不得不面對我自己內心那個受傷的男孩。

我必須承認，有些時候，是我引領著他們長大；但也有些時候，我發現全是他們的無懼及冒險，引領著我和他們一同長大。

就像這個男孩，我非常感謝他能出現在我生命裡。到最後，到底是誰陪著誰，誰沒有放棄誰，說實話，早就已分不清楚了。彼此心裡，已給對方一個惺惺相惜的位置。

這個男孩讓我再次相信，即使我們吸收了過量的父母的苦、父母的毒，我們還是有辦法去排毒、淨化自己。

讓我在此祝福這個男孩能夠找回心中那一塊失去的兒童樂園。

我也很想在此大聲地對過去的馮以量說聲：「以量，謝謝你！」

我謝謝當年的自己，即便生命不順遂，即便幾度很想放棄自己的生命時，到最後還是撐過去了。我為過去沒有放棄自己的自己，感到無比驕傲。畢竟，**任何人都有權利放棄我們，但我們自己別放棄自己。**

被爸媽遺棄的男孩與女孩，你知道我會永遠祝福著你們，也祝福自己。

為什麼我爸爸晚上都不回家？

——失落背後，是悲傷與憤怒

愈能及早告訴孩子，這不是孩子的問題，也不是孩子的錯，孩子就愈能及早從傷害中被釋放。

那一天，我在新加坡進行一場有關家庭關懷的演講。演講完畢後，有位女士牽著一個小女孩走上前來，想要問我問題。

女士開口就說：「老師，我的女兒……」

由於感覺到小女孩的緊張，我和這位媽媽說：「請等一下。你要和我討論你女兒的事情，是嗎？」

「嗯。」

「那麼，我們必須得到她的同意。」

我看了小女孩一眼，蹲下問她：「媽媽要和我討論有關你的問題，可以嗎？」

眼眶含著眼淚的她搖搖頭。

「好的。我們不要媽媽問問題，這樣可以嗎？」

她看著我點點頭，接著低下頭。

我就這麼蹲著，握著她的手，那是一雙飽滿且柔細的手。我相信媽媽無微不至地在照顧她。一頭短髮的她，臉頰稍微圓潤，唯獨大大的眼睛裡不斷放送著憂鬱的神情。

她沒有拒絕我，也沒有掉頭就走。我知道她有問題要問我，因為她沒有把手放開，依然讓我輕握著她的雙手。

我問她：「妹妹，你今年幾歲？」

「六歲。」

我複述：「嗯。六歲。」

沉默幾秒後，我做出邀請：「那麼，你有沒有問題要問我？」

她看著我，依然遲疑。

媽媽鼓勵她：「你就問叔叔。你剛才不是說有問題要問叔叔？」

我也鼓勵她：「嗯。你可以問我，如果你想要問的話。」

其實我不知道她遇到的問題是什麼，不過我感覺到媽媽其實想要詢問我，如何照顧一個有偏差行為的小女孩。

這就是我一開始便打住媽媽的原因。我相信沒有一個小孩願意站在兩個大人面前，聽大人們數落自己的偏差行為。這樣會讓小孩感覺很糟糕，也會不小心糟蹋小孩的價值感。

我索性坐在地上，也邀請媽媽坐在地上，畢竟也只有把自己的高度調整到和妹妹的高度相同，小女孩才能擁有與我平等對話的權利。

那一剎那，她以一種很哀憐的眼神看著我，嘆了一口氣，說：「為什麼我爸爸晚上都不回家？」

她說了之後，很努力地不讓眼眶含著的眼淚掉下來。

那是一個僅有六歲的小孩的痛。那裡頭，有著不明白的痛。

我皺了皺眉頭：「嗯。你的問題是為什麼晚上這麼晚了，爸爸還是不回家。」

她聽到我複述她的問題，點頭說：「嗯。」

兩行眼淚就這麼掉了下來。

孩子不是問題本身，他們是背負了家庭的問題

我看著母女倆的神情所營造的氛圍，感受到母女倆無法改變現況的無奈與無助。我不好奇爸爸到底哪裡出錯，更不在乎小女孩的偏差行為。當下我看到的是，有一位不回家的爸爸讓一對母女經歷失落。一位女性失去了丈夫，而一個女孩失去了爸爸。**失落所帶來的情緒有很多種，而最先浮現的往往都是哀傷及憤怒。**

我對女孩說：「你很傷心。」

她點點頭。

我再輕輕地把右手放在她的肩上：「謝謝你告訴我你的傷心。」

要一個小孩子第一句話就能夠說出內心這麼深層的部分，真不容易。感謝她在我面前顯現哀傷這股能量，雖然我知道她心中一定也有憤怒那股能量。

我常提醒自己：**如果一個小孩有偏差行為，這無非是告訴我們，他的生命出了一些狀**

況。他無法駕馭心中的憤怒及哀傷，所以他需要透過一些不合情、不合理的偏差行為，來處理內心這兩股強大的能量。

孩子從來都不會純粹是問題本身，他們是背負了家庭所衍生的問題。

我問她：「每次當你傷心的時候，誰陪著你？」

她搖頭：「沒有人。」

「媽媽呢？」

「媽媽不知道。」

「媽媽不知道傷心的你。」

「嗯。」

「媽媽只看到生氣的你？」

她點點頭：「嗯。」

「那麼，生氣的你通常都做什麼？」

「欺負同學。」

「嗯，欺負同學。還有呢？」

「罵媽媽。」

「那爸爸呢？」

「不敢。」

我繼續說：「嗯，你是不是想要告訴我，**在生氣的背後，你其實是很傷心的。**只是同學們都討厭你，媽媽自己也有煩惱，你又害怕爸爸，所以沒有辦法讓其他人知道你的傷心。很多時候，你都是自己一個人躲著傷心嗎？」

她看了看媽媽，又看了看我，選擇點頭，眼淚流得更急。媽媽在旁流下心疼的眼淚。

小女孩的心靈非常細膩，不像是六歲孩子該有的生命面貌。她知道媽媽已經夠苦了。她選擇不讓自己的傷心加重媽媽的負擔。這樣地獨自悲傷，使她的生命更苦澀。

我給予她鼓勵：「謝謝你這麼誠實地告訴我們。」

我們再沉默了一小段時間。

接著，我問她：「有什麼問題，你還想問我嗎？」

她說：「沒有了。」

「那麼，有什麼事情是阿量叔叔可以為你做的？」

「我不知道。」

我握住她的雙手：「我看到你的傷心，還有你的生氣，我都看到了。這樣好不好，我們現在讓媽媽說說話，可以嗎？讓媽媽告訴我更多有關你的事情，可以嗎？」

她點頭。

我說：「如果待會兒媽媽說到一些事情，是你不想讓我知道的，你可以阻止我們。好嗎？」

她也很快就點頭。

孩子的憤怒，有時候背後是有目的的

我們兩個大人依然坐在地上，談論一些有關夫妻及親子的事情。從媽媽的描述裡，我被告知這是一個婚外情的故事。爸爸在外頭有了另一個女人，也有了一個兒子。這位爸爸堅決要離婚，可是媽媽不肯。她退而求其次，只要求他每個禮拜回家一趟，看一看她們母女倆。

媽媽沒有辦法把重心放在缺席的丈夫身上，所以就轉移到女兒的身上，注重女兒的學業，也擔心女兒的壞脾氣。而女孩在幼兒園裡頻頻生事，到最後被同學們排擠，被冠上「巫婆」之稱。

孩子的偏差行為使媽媽產生更大的焦慮。媽媽用罵女兒、打女兒的方式，來發洩心中的憤怒與哀傷。所以女兒也用罵媽媽及打同學的方式，來處理心中的失落。

我發現只要媽媽說到傷心處，小女孩的雙眼一定會停留在媽媽的臉上，看著媽媽流淚，看著媽媽哀傷。很明顯，這個女孩很愛媽媽，很擔心媽媽，**間接也吸收了媽媽的哀傷，更加重了自己的哀傷部分。**

我對媽媽說：「你知道嗎？你的女兒很愛你。」

媽媽說：「我知道。」

「她也很愛爸爸。」

「我也知道。」

我轉身對小女孩說：「我這樣說，可以嗎？」

她點頭允許。

我對媽媽說：「請允許你的女兒也愛她爸爸。」

媽媽懂，也能接受。

我對女孩說：「爸爸媽媽他們之間有問題，這都不是因為你而引起的。而且這是我現在聽到的事實。你是可以繼續愛你的媽媽，也愛你的爸爸。」

我也對媽媽說：「失落裡頭，有兩種主要情緒，那就是悲傷與憤怒。孩子的憤怒，有時候背後是有目的的，因為她如果知道她做壞事，能夠讓你們夫妻倆站在同一陣線，她會繼續做壞事來讓你們復合。有些小孩會用盡他們想出來的方法來讓父母復合。所以**我們要時常提醒孩子們，這不是他們的過錯，也不是以他們的能力所能辦到的事。**」

離開的時候，我建議媽媽去尋找一些有關單親媽媽的支持團體，來處理自己心中的失落，至少讓自己有個時空可以自由流動內心五味雜陳的情緒。

我對小女孩說：「在還沒有說再見之前，我可以擁抱你嗎？」

她點點頭，站了起來。依然坐在地上的我張開雙手，她走上前來，與我擁抱。我感覺到她的傷心依然停留在身體裡，不停顫抖。

我抱著她，稍微不動幾秒，還是感覺她的身體稍微顫抖。我輕輕地在她耳邊，對她說：「你真棒。你真棒。」

我再次看著流眼淚的她：「可以答應以量叔叔嗎？以後傷心的時候，告訴媽媽，好嗎？」

她看著媽媽，媽媽輕拂她的短髮。女孩點頭。

我說：「嗯，謝謝你。再見。」

每個人都有自己的生命功課需要正視

隔天，這位女士寫了一封email給我。

以量：

你好。感謝你昨天和我們說的一番話。感謝你引導我女兒說出心裡的悲傷。昨晚，她要我把整本《已亮的天空》(註)讀給她聽。聽到你的爸爸也在你小時候離家出走，她哭了。她說以量叔叔比她更可憐。她要我在這裡問候你。

我發現我需要成長。我不能夠再持續自憐，再這樣下去，會影響我女兒的生命。謝謝你的提醒。

祝福你，以量。謝謝你。

註：我寫下《已亮的天空》一書，在書中描寫與家人之間的矛盾、衝突；經歷父母相繼早逝、艱苦的成長過程，我對於生命的不解，逐漸轉化為面對與接納。二〇〇五年由馬來西亞董總出版。

我坐在電腦螢幕前，一面讀著這些文字，心裡一面感動著。

不完美的夫妻關係，難免會影響孩子的身心。爸爸失去了該有的功能，然而，如果母親**愈能及早告訴孩子，這不是孩子的問題，也不是孩子的錯，孩子就愈能及早從傷害中被釋放**。

孩子無須為爸媽破裂的夫妻關係負責。**母親要是願意進一步把情緒穩定下來，孩子便只需要負責自己生活中的喜怒哀樂**。

告訴孩子他不需要選邊站，更不需要為任何一個大人的不快樂負責——如此做，孩子就不用背著這段破碎的婚姻關係長大。

我深信，單親家庭的孩子，還是值得擁有快樂的家庭氛圍而逐漸長大。

在此送上祝福給她們母女倆，還有這位不在現場的爸爸。

我相信這位男士也受傷了，他只是不曉得如何處理自己的傷口，所以選擇逃離，畢竟他也有自己的生命功課需要正視。我也想要在此送上祝福給他，希望他也安好。

告訴自己：

「我是我，我爸爸是我爸爸，我媽媽是我媽媽。我們三個人各自擁有各自的命運，誰也不欠誰的，誰也不該背負著誰。」

為什麼是我撐著整個家？

——沒有愛的家，就像一個大黑洞

門的那一頭，可能是盡頭，
也可能是出路。

他哭著說：「我—很—想—死—啊！」

咬牙切齒的他緊閉著雙眼，雙拳握緊，向著天空大聲做了撕心裂肺的吶喊。

我這位年輕的男性臨終病人，才二十五歲。他除了面臨死神無情的侵襲，還承受著破碎家庭所帶來的傷害——這是雙重艱鉅的生命課題。

我絕對不說一句安慰的話，也不把手搭著他的肩膀；只是安靜地陪著他，看著他流淚，聽著他吶喊。

這些眼淚、這些吶喊，我感到既熟悉，也陌生。它曾經也在我心裡隱藏多年。如今，透過他的眼睛及聲音，再次湧現。那是被世界孤立、被家人拋棄的眼淚；那是生命已經無法再走下去的吶喊。這裡，是一扇門；門的那一頭，可能是盡頭，也可能是出路。

事情是這樣發生的……

我聽到你很痛，很難過……

禮拜五早上十點五十分，年輕病人打電話給我，聲音低沉：「以量，可以和你談一談嗎？」

我當時還意識不到危機：「我正在開會。十分鐘後打電話給你，好嗎？」

他低沉的聲音再次說出：「你一定要打電話給我。」

「好。我一定會在十分鐘之後打電話給你。」

二十分鐘之後，醫療團隊會議完畢。我拿起電話，打去他家。他的媽媽接了電話，在電話那端哭泣：「他出去了。」

「他去了哪裡？」

「他拿著背包走出去了。我不知道他去了哪裡，他沒有告訴我。」

「好。我現在打電話給他。」

我打他的手機：「你現在在哪裡？」

「以量，我……現在……好難過……」電話傳來哭泣聲。

「嗯。你現在好難過。」我再問：「你現在在哪裡？」

「我現在的心，好痛……好痛……好痛……以量，我—不—想—活—了。」

最後那幾個字說得清清楚楚。

一個僅有二十五歲的年輕人，他已不想再活下去了。

「**我聽到你很痛，很難過。我相信你一定發生了一些事情。**告訴我，你現在在哪裡？我過來陪你，好嗎？」

他患上的是無法治癒的淋巴癌末期。醫師已安排他入院接受骨髓移植手術。因上一次手術失敗，這一次要再度嘗試。

這項手術需要透過化療破壞骨髓及其中的癌細胞，然後注入捐贈者健康的骨髓。為了準備這場即將到來的大手術，他必須在下週二先住進隔離病房至少一個月。醫師已清楚交代，成功率只有百分之二十，也告知他或許無法承受化療所帶來的負荷而離世。畢竟在還未將健康的骨髓注入體內之前，化療將會殺盡身體裡所有的紅血球和白血球。

這段日子，他非常掙扎，無法做決定。最後，還是聽了媽媽的話：接受手術。一波接一波的苦難不斷地在他眼前伸展，向他挑戰。此時此刻的他，身心靈狀態比任何生命階段都來得脆弱。

「我不要接受手術了。」他在電話那頭說。

「嗯。如果真的不要的話，我們可以和醫生說。」我再次問他：「你現在在哪裡？可以告訴我嗎？我現在過去。」

「我也不知道自己在哪裡，我在住家樓下附近隨意走著。」

「好。我過去。」

「那你到了，打電話給我。」

「好。那你可不可以答應我，在我還沒有到之前，不要做任何傻事？可以嗎？」

他說：「嗯。」

「好。我相信你。也希望你相信自己。我們待會兒好好談一談，好嗎？」

「好。」

掛上電話，我立即取消當天已安排的三場安寧服務的家訪，趕緊跳上計程車往他家的方向奔去。

他一直那麼辛苦，要讓這個家像個家

在計程車裡，我打電話給他媽媽，說明她兒子的情緒異常不穩定。

他媽媽第一句就說：「是啦！是啦！都是我錯了啦！是我不應該維持這一段婚姻。如果現在有人對我說他們夫妻之間的關係破裂，我會鼓勵他們離婚。我會鼓勵他們離婚！」

「阿姨，請問到底發生了什麼事？」

「今天早上，他說他要和爸爸、妹妹還有我，一家四口晚上吃晚餐、看電影。我對他說：『你做這麼多有什麼用？』」

他要求全家人聚一聚，因為他知道這一趟進了醫院的隔離病房，很有可能再也走不出來了。

「他怎麼回答你？」我問媽媽。

「他說他去世後，我和他爸爸一定要彼此照顧對方。」

「那你怎麼回答？」

「我說我做不到。這麼多年我們都沒有說話了，一個月內，我們也只能說上一兩句話……我做不到！」

「那他怎麼回答？」

「他就發飆說他一直那麼辛苦，就是為了要維持這個家，讓這個家像個家！為什麼只有他獨自一人撐著整個家庭，而其他人不做任何事？他發瘋地不斷地罵我。」

「那你怎麼回應？」

「我不說話，靜靜地繼續擦地。」

「然後呢？」

「我對他說了一句：『如果你沒有生病，你早就搬出去了。』我還對他說：『你為什麼做這麼多？我又沒有叫你做這些！』」

我終於明白為什麼年輕病人現在這麼痛苦了！媽媽的這兩句話，任何一句都可以置他於死地。

固著的互動模式，傷害著這一家人

媽媽其實知道那多年冷冰冰的婚姻已經無法挽回。只要丈夫定期給家用，只要自己每天做家務，那麼這個家，形式上，還能勉強算是一個家。

可是，兒子的想法不是這樣。多年來，他渴望擁有一個溫暖的家。他知道無能的爸爸無法撐住這個家；他也看得出軟弱的媽媽從不滿爸爸到變成麻木；妹妹就像爸爸的再版，不管、不理、不問。

唯獨他這個病人為了這個家，多年來付出許多。

小時候，父母常常為了一些家務事吵架。譬如父親洗澡後常不關緊水龍頭，母親就會一直嘮嘮叨叨。年幼的他為了避免父母之間不必要的爭執，常在父親洗澡的時候，守候在外面。爸爸一離開浴室，他就趕緊進去關緊水龍頭。爸爸所有的破壞，都由他在背後默默地收拾——幫爸爸丟垃圾、整理好看過的報紙、關水龍頭、關燈、關冷氣等等……

多年以來，他重複做著這一切，無非就是渴望擁有一個溫暖的家。他上中學時，父母的關係惡劣到要分房睡。母親寧可睡在客廳，也不要進房去睡。他讓出自己的房間給媽媽睡，自己睡在客廳。服兵役的時候，他索性以忙碌作為藉口，讓媽媽理所當然地在他的房間睡覺。

這個家在多年的運作之下，生成了固定的互動模式：爸爸製造問題，媽媽埋怨問題，妹妹不理問題，只有他忍氣吞聲地解決家裡所有的問題。如此固著的互動模式，成了一種傷害一家四口的方程式，長期負責解決父母問題的大兒子，承受太多不必要的責任。說實話，如此的顧家及愛家，不病倒，才怪啊。

看似我在救一個人，其實我在救著一個家

大學畢業後，大兒子理所當然地成了家庭經濟的支柱。他沒有埋怨，他知道，只

要還有一口氣在，他就會撐下去，他絕對不會讓這個家垮掉。

然而，他在兩年前病倒了，嚴重生病。他陸續接受化療，被迫離職，成了一個無薪又無業的病人。他多年來扮演的角色，剎那間被迫失去所有功能，不管是財力或體力，都有心無力。眼見自己逐漸衰弱，心中有說不出的難過及失落。

媽媽早上說的這兩句話，足以抹殺一切他曾經做出的付出。

「如果你沒有生病，你早就搬出去了。」

「你為什麼做這麼多？我又沒有叫你做這些！」

不要說他，我聽了，也替他感到難過。他的媽媽不知道他正要自殺，我也不敢告訴她。我不覺得她承受得了。

她在電話裡頭繼續說：「不做了。不做了。這個家最不用做事情的人，最開心。我不做了！」

我沒有回應媽媽的負氣話。我只是感嘆這個家，沒有愛。所有的家庭成員都受傷了。

沒有愛的家，就像一個大黑洞。不要以為只要付出愛就可以把煩惱解決掉。付出愛的

人，到最後會被掏空，連心中那微弱的愛，也被吸得乾乾淨淨。

聽見她的媽媽說她不要再理會任何事情了，我坐在計程車上，自己窮緊張。看似我在救著一個人，其實我在救著一個家。

可是，這個家，還能算家嗎？

（待續）

你想過為自己而活嗎？

——把不屬於自己的關係線，放回原位

這麼多年來，整個家的關係，全都是你扛下來的。

你說你愛不愛你自己？

【前情提要】年僅二十五歲的男孩患了棘手的淋巴癌末期，在進行下一場重大手術之前，他希望一家人可以坐下來好好吃飯，更希望多年不合的父母可以重歸於好、彼此照顧。母親不明白兒子渴望一個溫暖的家，在爭執的過程中，不經意地對他說了一句足以抹殺他一切付出的話——「你為什麼做這麼多？我又沒有叫你做這些！」為此，男孩難過得拿起背包，走出了家門……

早上十一點半，我到了年輕病人住家的附近。

還在擔心著他自殺的我連忙打電話給他：「你在哪裡？」

「我在大牌五十四附近的公園。」

「好。我馬上過去。」

抵達公園，我看到坐在椅子上的他穿著一條牛仔褲、白色襯衫，旁邊還擱著紅色的背包。頭髮已全脫落的他，體重只剩下不到四十五公斤，黑眼圈很重，像是失眠了好幾天。比起上個禮拜，我看到他又更消瘦了。

在我還未坐下之前，我先傳簡訊給他媽媽，告訴她，我和她的兒子目前在附近的公園。

簡訊傳出後，我坐下。

他雙眼無神地看著我，哭了起來。患病長達一年的這段日子，我從來沒有看過他哭泣。即便有，也只是透過電話。眼前的他，這一次完全崩潰。

「我好難過。」他說。

「我來陪你了。」我說。

「我媽媽……」

我阻止他：「如果你不要說，it is OK。我感受到你心中的痛。你不需要在我面前再次述說。」

他不斷用右手敲打自己心臟的部位：「這裡很痛！這裡很痛！我從來沒有這麼痛過！」

看著他痛苦而無助的表情，我的眼淚也不禁流了下來。這些年來，我很少在我的個案面前流眼淚。雖然我知道現在最重要的工作就是要陪伴他，可是我不想隱藏自己真實且脆弱的一面。這種心痛，我並不陌生。

我流著眼淚對他說：「哭出來吧！辛苦你了！」

哭出來吧！辛苦你了！

他的鼻涕、眼淚流了一堆，都是多年承受家庭負擔的附加品。

他時而抬起頭，時而低下頭。眼淚、鼻涕不間斷地流下。我不干擾他情緒的流動，我安靜地看著他。

他還是想對我說：「我媽媽說……」說到這裡，卻又沒有辦法接下去。

我拍著他的肩膀說：「沒關係。說不出來，沒關係。」

他點點頭。鼻涕滴到手上，依然抽泣著。

大力吸了一口氣，他還是說了：「我媽媽說如果我沒有生病，我一定會搬出去。不和他們住。你說我會這樣做嗎？我會這樣做嗎？」

我說：「你媽媽什麼時候說了？」

「今天早上。」

我問他：「為什麼媽媽突然要說這些話？」

雖然我都知道了，不過我還是要聽他的解釋。

「我叫他不要再和爸爸僵持下去。如果沒有我之後，兩個人要彼此照顧。」

「嗯。你很希望父母會彼此照顧。」

「可是我媽媽說為什麼我要做這麼多！為什麼我要做這麼多？難道我做這麼多是為了我自己嗎？」他很激動，一口氣說了許多。「原來，我做這麼多，都是白做的！我是一個白痴！一個白痴！爸爸不瞭解我，沒有關係。現在連媽媽也這麼說我！我還做這些事幹麼？我還活著做什麼？為什麼我還活著？這樣的人生，真的是一堆shit！」他不斷地哭，我唯有不斷點頭。

「如果媽媽也這麼說我，我還為了什麼而活著?!」他不停地重複這句話。

我複述：「爸爸不瞭解你，現在連媽媽也不瞭解你。你為了這個家付出這麼多，現在沒有一個家人瞭解你。是的，你為了什麼還活著？」

咬牙切齒的他緊閉著雙眼，雙拳握緊，向著天空大聲做了撕心裂肺的吶喊：

「我—很—想—死—啊！」

先照顧好情緒，再處理事情

「我想要從我們住的大樓樓頂跳下去。」他告訴我。

我問他：「跳下去代表什麼？」

「我要讓她知道她說的那兩句話，有多傷人。」他說：「為什麼我得不到媽媽的肯定？那麼一點點的肯定，我都得不到！為什麼？」

我沒有回應，也不打算告訴他如何得到媽媽的肯定。我要讓他藏在心底、封鎖已久的負面情緒，全部迸發出來。

畢竟，**這些負面情緒需要一個出口。而且，他今天之所以會生病，這些負面情緒，影響很大。**

他足足哭了一個多小時，我就只是簡單做一些回應。畢竟我們要先照顧好情緒，再處理事情。

等他的情緒稍微穩定後，我問：「我現在能夠為你做什麼？」

他抬頭看著我，做出哀求的動作：「以量，請你不要放棄我。如果連你也放棄我，我不知道我會怎樣。」

他哭得更大聲了，彷彿所有家人都放棄了他。

我輕輕地把我的手搭著他的肩膀：「你說我會放棄你嗎？」

他哭得身體都抽動起來：「謝謝你。謝謝你。」

我的眼淚，不禁又流下來。

不愛自己的人，沒有辦法給別人愛

他常對我說：「我的生命意義就是扛起家裡大大小小的責任。因為要扛起責任，我才活得下去。我不可以死，因為我媽媽承受不了。」

如今，這些意義、這些責任，媽媽都不給予肯定。活下來，還有何意義？我如此問。他說：「我不知道。我整個人生都沒有意義了。」

「你曾經想過為自己而活嗎？」

他說：「我自己不重要。」

我挑戰他：「一個不愛自己的人，是沒有辦法給別人愛的哦。」

他說：「是的。你曾經說我不愛我自己。你也曾說過，你很欣賞我爸爸。剛開始的時候，我很討厭你這樣說。可是，我現在明白你在說什麼了。其實我很羨慕我爸爸。」

我說：「嗯，很好。你開始對爸爸有不一樣的想法了。你羨慕爸爸什麼？」

「我羨慕爸爸不會被媽媽影響。為什麼我一直被媽媽牽著鼻子走？」

「對啊。所以我說我很欣賞你爸爸，因為他總是很會愛自己。」

「可是他的愛自己，是要犧牲我啊！」

我說：「你爸爸有用槍指著你，要你去做那些事情嗎？」

「我爸爸從來沒有要求我做任何事情。」

「所以我說啊，我很欣賞你爸爸。他從來不給你壓力，也不給你添麻煩。」

「可是這樣的性格，會讓這個家不成形。」

「的確，這樣的性格是沒有辦法讓這個家溫暖。可是，至少他懂得保護自己。不像你，把自己弄得遍體鱗傷。」

我沒有企圖要美化他爸爸的不負責任，我只想讓他知道**他的負責任，不是爸爸強迫他，也不是媽媽強迫他去做的。所以當家人不感激他的付出時，他也要心甘情願地接受別人的不欣賞、不肯定、不認同。因為這些責任，全是他自願扛起來的。**

不要再活在爸媽夫妻關係的陰影裡

「其實我覺得我爸爸還是愛我的。」

「怎麼說？」

「因為，今天早上，我叫他和我吃早餐，還有今晚吃飯、看電影，他都沒有拒絕我。他答應了。」

「那很好啊！」

「可是，我爸爸有的性格，我就沒有。他沒有的，我全都有。」

「別人通常都是有其父必有其子，你就恰好和別人相反。」

「所以，我的生命很難走。」

我說：**「因為你吸收了太多他們的能量。你不愛你自己。」**

「那我該怎麼愛我自己？」

「你媽媽剛才和你說什麼？」

「她說我會搬出去住，如果我沒有生病的話。她叫我不要做這麼多。」

「媽媽為何要如此說？」

「她不要我付出這麼多。」

「她為何不要你付出這麼多？」

「因為她和爸爸的事情，我沒有辦法管。」

我挑戰他：「所以我覺得你媽媽今早的話說得很好。你媽媽也覺得你是時候為自己著想，不要再活在他們夫妻關係的陰影裡了。這麼多年了，還不夠嗎？」

他沉默。

我繼續挑戰他：「你同意嗎？難道你要一直活在他們關係下的黑影裡？你的生命，就是要在這種黑影的生活下負起責任？這就是你生命的意義嗎？」

他沉默。

看清家庭結構，放自己一馬

為了讓他更明白我的想法，我在草叢裡找了四顆石頭、六根短短的枯枝，擺了一個「家庭結構」給他看。

我把四顆小石頭擺在椅子上，指著四顆石頭說：「這是你爸爸、媽媽、妹妹還有你，你們一家四口。除了四顆石頭代表你們之外，家裡還有六條關係。我用樹枝代表關係線。這裡有**夫妻關係線**，也有四條**親子關係線**——父子、父女、母子、母女關係，還有你和妹妹的**手足關係線**。」

我說著，為這四顆石頭連上六根枯枝。他是一名聰明的大學畢業生，他懂我在說什麼。他拿起爸爸的那顆石頭，放在離開整體遠一些的地方。他說：「爸爸不要這些關係。」

「是的。就像你所說的爸爸沒有辦法維持這些關係。爸爸過去的成長經驗，讓他沒有辦法處理這些關係。他不會處理婚姻關係，不會經營親子關係，更不會面對衝突。一旦他不會處理，他就會放棄這些關係。所以，他放棄了他手上擁有的三條關係，那就是：夫妻關係、父女關係，也放棄了他和你的父子關係。」

我說著，拿走爸爸那顆石頭，也拿走爸爸和三個家人們連結的那三根樹枝。他明白，點點頭。

我握住手中的三根樹枝，問他：「你知道這個家裡，怎麼處理這三段爸爸都不要理會的關係嗎？」

他點頭。他從我手中拿走那三根樹枝，一根又一根地放下去，自己說出：「所以我是我妹妹的爸爸，我是我媽媽的丈夫，我是我自己的爸爸。我取代了我的爸爸。」因為他是自己的爸爸，他沒有辦法放那根代表他和爸爸關係的樹枝在其中，只好自己手中繼續拿著。

「你說得很好。這樣的決定及想法，你執行了多久？」

「小學五年級就開始有這樣的想法了。」他說。

「所以你看，你手上拿了這麼多條關係線，要照顧這麼多負擔，你怎麼可能不生病？這麼多年來，整個家裡頭的關係，全都是你負責扛下來的。你說你愛不愛你自己？」

「那我該怎麼辦？」

「放掉這些本來就該屬於你爸爸和大家的關係，把這些不屬於你的關係線放回原位。你爸爸要不要處理，那是你爸爸的事。這不干你的事。」

我說著，把爸爸那顆石頭放回來。

「讓你的爸爸及媽媽做回夫妻，讓他們自己去承擔夫妻關係的起伏。那段夫妻關係以後是好是壞，都是他們的事，你左右不了。即使你想要左右，也左右不了。讓你的爸爸及妹妹做回父女。你的妹妹長大了，你不需要處處為她著想。而你，也要讓你爸爸做回你爸爸，別老是搶著和爸爸爭做爸爸。**你愈是搶著做爸爸，你的爸爸愈沒有辦法做回爸爸。**」

他點頭，若有所思。

「即便到最後他不要做爸爸，也不要做丈夫，那也是他的事，和你無關。**一個沒**

有功能的爸爸，並不代表你的失敗。恰恰好，你愈是展現你的能力，才顯得你對爸爸的沒功能非常在意。而你愈是在意，就愈卡在裡頭了。」

他繼續點頭。

「聽我的，放過你爸爸吧，這樣才能放過你自己一馬。」我繼續說：「這也是為何你媽媽今早說你要是健康，請你搬出去住，請不要管這麼多。她不是想要殺掉你，她恰恰好是想要救你。」

他沉默不語。

「來，告訴我，實際上在這個家庭裡，你擁有多少條關係？」

「三條。」

「如果你要愛自己，又不失去他們的話，你就好好照顧自己，再加上照顧你手上的三條關係，那就是父子、母子還有兄妹的關係。其他的，你一概都無法掌控。事實上，**你根本就無法掌控其他的關係。**」

他點點頭。

「你現在清楚了，為什麼我每次都叫你愛你自己多一點。過去你聽不明白，現在聽懂了嗎？」

他點點頭，終於給了我一個微笑。

「謝天謝地，我終於看到你笑了。」

「嗯，謝謝你，以量。我會記住這四顆石頭的說法。我很喜歡，也看得很清楚。我只需要管好我自己還有那三條關係。其他的，我不管了。其實我也沒有能力管這麼多了。」

「本來就應該這樣。如果你這樣的話，就不用生病了。」

「如果我沒有生病，就沒有辦法認識你了。」

「說真的，我寧可你不要認識我。」

「謝謝你，謝謝你。這一年半，我最開心的就是認識你！謝謝你！」

「不用客氣，那是我的榮幸。」我說。

懂得拒絕別人，懂得要求別人

「為什麼我這顆石頭這麼小，而我的爸爸那顆石頭那麼大？」

我笑說：「因為你的爸爸比較會愛自己，所以他當然比較大顆嘍！」其實一開始擺設的時候，我根本就沒有意識到石頭大小的問題。

「算你狠！」

「這幾天，你還會想到要自殺嗎？」

他篤定地說：「不會。」

「那麼，我就放心了。」

我把石頭及樹枝都放回到草叢裡，拍拍掌心的沙粒，說：「好吧。現在已經下午兩點多了，我們談了三個多小時。我肚子好餓了，要不要一起去吃飯？」

「你請我可以嗎？」

「歡迎你繼續要求。**愛自己的其中一個做法就是你要懂得如何拒絕別人，還有要懂得要求別人為你做事情。**」

「我以前沒有人教，現在還好有你提醒。」

「你不再需要別人教你。你已經長大了，你可以提醒你自己。」

他點頭，再給我微笑。

這個放聲大哭之後的心靈，我看到他臉上有著那麼一抹愉悅。當下，我感覺到他彷彿放下了心中一顆大石頭，還有三根枯枝，就是那屬於爸爸的石頭和樹枝。年輕人，是時候把它們還回給爸爸了。

不屬於自己的，統統都還回去吧。

做回自己

往餐館的路上，年輕病人足足像一個小男孩，不斷地奔奔跳跳，不停地說話。

這是我不熟悉的他。他向來沉默，說話時理直氣壯、咄咄逼人。而今，我允許他在我面前奔奔跳跳。

他在整個成長過程中，都是被迫長大的。他很少體驗一個單純愉快的小男孩角色。如今，終於看到一個開心又輕鬆的年輕人呈現在我面前，正如暴風雨後，看到蔚藍天空出現一抹彩虹那般的愉悅……

【故事後記】

這個故事發生在十年前。這位年輕病人，如今奇蹟般地活了下來，醫師們都嘖嘖稱奇。目前他已經回到職場，繼續為自己的生命拚搏。

年輕的他除了是我的案主之外，也是我生命裡很重要的一位老師，一直讓我深信人們需要先多愛自己一些，才有能力再去愛身邊的人。他做到了。

當我把寫好的兩篇文章寄給他時，他決定不再打開文件檔案來閱讀自己過去的故事。然而，要是這段經歷能夠幫助到和他擁有類似困境的年輕人，那麼這些經歷都有了助人且利他的意義。他同意讓我與你們分享。謝謝他。祝福他。

告訴自己：

「我需要先多愛自己一些，才有能力去愛身邊的人。愛自己的其中一個做法就是我要懂得如何拒絕別人，還有，懂得要求別人為我做事情。」

你要記得今晚這個擁抱
——不要放棄你自己

這個世界不是不愛你，
它用另一種方式來愛你。

有一次要進行一場給中學生的演講。很不幸地，前一晚，我發高燒、重感冒，生病了。但無論如何，我還是堅持要完成演講這件事。

那一天早上，雨下得很大，風颳得很猛，我們必須等雨停了，在清風徐來的時刻，才能開始露天校園的這場演講。

拿著麥克風，我感謝校方願意挪出三節課的時間，讓我站在講台上與三百多位高中生分享有關家庭關懷及自我成長的故事。我和同學們分享我怎麼在中學時期失去了爸媽，告訴他們我是如何去面對這些苦難。

我是硬撐著完成演講的，身體其實非常不舒服。

演說完畢後，學生排隊買書，我忙著為他們簽書。正當我把書本都一一簽完，要離開現場時，有一位男同學走上前來，對我說：「老師，我可以和你談一談嗎？我很需要與你談一談。」

他說完這番話，那抑止已久的眼淚也急著想要與我說話。我看一看穿著發黃校服的他：個子矮小，瘦長的臉頰掛著一副黑框眼鏡。

由於當時的身體狀況實在不佳，我婉拒他說：「我今天累了。我們是否可以用email聯繫？」

他很焦慮，而且不退縮：「老師，我真的希望可以和你談一談！我怕我沒有時間了！」

聽著他急促的聲音，看著他紅著的眼睛，讓我不得不遲疑。站在身旁的工作夥伴也忍不住替他說話，希望我能夠撥出時間，與這位學生有一席之談。

最後，我決定說：「今晚我會住在學校宿舍。你把你的電話號碼留給我。我們暫定晚上八點在宿舍見面。讓我先去看醫生，然後下午休息一下，如果我還是不舒服的話，我會打個電話給你取消見面。好嗎？」

也是住在學校宿舍的他很用力地點點頭，連忙拿出紙張，寫上電話號碼給我。我也請工作夥伴把我們的聯繫號碼交給他。

這些都不是你的錯

晚上八點，我的身體並沒有好起來，然而，這位男同學已來到我們宿舍門口。穿著保暖外套的我請他坐在無人打擾的客廳，開始與他對談。

他說：「老師，我很想把我的故事毫無保留地告訴你。我希望你能夠幫助我。」

我說：「我不是什麼老師，你直接叫我以量就行了。」

我希望我們倆不需執著於任何社會身分，讓兩個平凡人可以盡量回到平等的身分，開始我們的對話。

十八歲的他，慢慢地訴說目前所碰到的問題：學業問題、感情問題、家庭問題、經濟問題等等，彷彿人生的功課沒有一科及格，而且屢戰屢敗。

累積了許多的挫敗，很想自殺；可是又沒有足夠的膽量自殺。因此，他更討厭現在自己的狀態：無能、無助、無希望。

那何嘗不是我當時年少的心聲啊！

我一直在聽他的故事，心想：「這些都不是你的錯。那是你父母造成的。你只是這段破碎婚姻關係的犧牲品。」

為什麼要把我生下來？

話說當年，他的父母正當年少，在舞會裡彼此認識後，就發生性關係。當初才十幾歲的媽媽發現自己幾個月沒有來月事，肚子裡懷了他。

雙方家長都同意讓兩個青少年結婚。可是沒有親密基礎的婚姻關係，到底可以維持多久？

這胎兒，毀滅了媽媽的學業，也摧毀了爸爸的前途。

他們倆結婚、生孩子之後，接踵而來的養育、生計等現實問題就像海嘯衝擊般，讓雙方都招架不住。年輕的爸爸以酗酒來逃避，持續在舞會裡結交不同的女性，不到半夜不回家。年輕的媽媽一開始大哭大鬧，而到最後，也向不同的男性尋找慰藉。

爸爸因媽媽不守婦道的行為，指著當時年紀還小的男孩說：「我都不知道你這個野種究竟是不是我生的?!」

爸爸抱著猜疑，放棄了媽媽。滿心怨恨的媽媽也放棄了坐在我面前的這個青少年。

他說到這裡，問我：「老師，我真的很不明白。如果到最後結局是這樣，為什麼他們一開始還要把我生下來？」

這些話語，我再熟悉不過。當初因為爸爸嗜賭如命，媽媽和爸爸幾乎每天都在家裡起爭執。年少的我也很不明白：如果兩人不相愛，為什麼還要結婚？如果要結婚，為什麼不能夠好好地解決問題？把孩子生下來，不就是要好好地照顧他嗎？

我當然沒有如實告訴他我的想法，只是安靜地聽他說他的故事。他如此願意掏心掏肺地對我說他的故事，我相信全是因為當天早上，我拿著麥克風說我的故事，引起他很多的共鳴。

祖父與祖母願意撫養他，可是他們兩老歸西了。後來，他自己一人跑去外婆家，求外婆照顧他。因為爸爸和媽媽都不要他，已是一個鐵的事實。

如今，他成績不錯，可是快畢業的他，即將面臨沒有錢求學深造的困境。

他有一段穩固的感情，可是總覺得配不上女朋友的家世、身分，也不敢告訴女朋友有關自己的真實家庭狀況。

因為缺乏了種種，導致自卑的性格更是從中破壞親密關係。常常在女朋友面前，他瞧不起自己，不敢說出自己的不足。更致命的是，他早已被父親催眠，覺得自己是一個野種。自己是一個不值得被父母關愛的野種，現在也不值得讓女朋友來愛。

我疼惜他的遭遇，也**佩服他能夠存活至今，而且還能擁有自愛的能力**。

眼前，我看到的**不僅僅是一個可憐的孩子，也是一個無比堅韌的年輕人**。

畢竟生命得來不易，我請他與我保持聯絡。

我暫時不敢叫他寬恕他的父母。因為若換成我是他，我可能也沒有辦法寬恕這樣的父母。

我心中知道他沒有經濟能力買我的書，對他說：「明早你再過來，我想送我的書給你，好嗎？」

他離開之前，我張開我的雙手，擁抱著他。

我對他說：「你要記得今晚這個擁抱。這個世界不是不愛你，它用另一種方式來愛你。」

他淡淡地回應一句：「嗯。」就急急忙忙地離開了。畢竟，夜已深。

我不會放棄我自己！

第二天下課時分，他準時出現在宿舍門口。我邀請他在客廳等候，我在我的新書上寫著：

生命的成長不靠奇蹟，是堅持到底。自愛是出路。

當我把書交到他手中的時候，他拿著書，激動地往後退兩步，給了我一個很大幅度的鞠躬。

他突然號啕大哭，走向前，緊緊地抱住我，在我的耳邊說：「以量老師，我答應你，無論以後我有多苦，我都不會放棄自己。我不會放棄我自己！」

每一個字眼既緩慢又激動地穿插在哭聲中，一句又一句傳進我的耳朵裡。

我聽到的是要堅持活下去的吶喊。

我的內心不也是時時刻刻這樣吶喊著？我流著眼淚，感動地對他說：「對了！對了！就是這樣！就是這樣！」

他擦乾眼淚後，再次給我一個更大幅度的鞠躬，而我連忙也給他同樣的鞠躬。

我們永遠都不知道生命要我們經歷什麼。

生命永遠都比我們更懂，我們要經歷些什麼。

就像我已經用了四十多年，去經歷、去消化、去瞭解年少的傷痛。如今，路繼續走，生命繼續經歷。沒有完美，也沒有盡頭，直到我們死去的那刻。

希望我在離開人世之前，回顧自己的生命時，會記得對自己說一聲：「**你很棒**，馮以量。」

謝謝你，年輕人。我會永遠記住這些鞠躬、眼淚及擁抱。那是兩個受傷的靈魂所帶來的真誠相遇。

謝謝生命。

一閃一閃亮晶晶

——家裡的每一個成員，都是一顆星星

當每一顆星星都願意閃爍，
這片天空，不管有多黑暗，都會讓人感到安心及寧靜。

七十多歲的癌末男病人喜歡坐在家門前的走廊上。沉默的他，每天一大早就把枴杖放在一旁，坐在鍾愛的藤椅上，眺望對街大樓的風景。

沉默與沉思，是他度過晚年的生命哲學。

那時，我是一名醫療社工，需要去許多病人家裡，提供臨終關懷及支持。這天早上是第三次家訪，我從他家的洗澡間拿出媳婦平常洗衣時慣用的紅色小椅子，坐在他身旁。**我決定和他一同看他所看到的風景。**

我們話不多。

我們同坐，好久，我始終不開任何話題，他也安靜地樂在其中。我知道他討厭聒噪的人。所以，我保持安靜，就讓晨光打在門前的光線及微風穿過樹葉的聲音，成為我們溝通的語言。

「以量叔叔，你看！」他孫女一聲稚嫩的叫喚，劃破了我們兩個男人之間的寂靜。

他的孫女和我很投緣。

第一次家訪和小女孩見面時，八歲的她就很熱情地教我摺紙星星。離開時，她送我一顆紙星星，我收下，回她一個燦爛的笑容。

第二次家訪，小女孩教我如何用紙張做成一個燈籠，還告訴我如何用玉米粉煮成漿糊。

和他一起，看著他所看到的風景

這一次，當她看到我和爺爺坐在大門外的走廊時，她走上前來，蹲在大門口的階梯上，右手伸出她做的另一個藝術品：「以量叔叔，你看！你看一看這個燈籠。」

這是一個全用樂高拼成的燈籠。我摸摸她一頭黝黑的短髮：「你好棒哦！」

我轉身看著爺爺，隨口對小女孩說：「你有沒有和爺爺分享啊？」

爺爺的嘴角微微上揚。我誤以為她和爺爺的關係很融洽，因此自以為是地問了這樣一個問題。

她稍微皺眉：「爺爺是不和我們說話的。」

這樣的答案讓美好的氛圍頓時變調。

她沒有打算停下來：「爺爺常常坐在這裡，都不和我們說話。奶奶就不一樣了。」

我不想打斷她。我同時也在意爺爺如何看待孫女在我面前的童言無忌。

坐在他們兩人中間的我看看爺爺：「可以讓她在我面前說這些話嗎？」

爺爺望著孫女，笑笑地點頭，沒有脾氣的他選擇允許。我感謝他。

我轉過頭，問小女孩：「這樣哦。爺爺和奶奶，你比較喜歡誰呀？」

「當然是奶奶嘍！」

「為什麼呀？」

「我的奶奶很厲害的。她很會煮飯，煮的飯很好吃，她很厲害，看到什麼就會弄什麼。她很厲害。不過她走了。她走了之後，爺爺就不再說話了。」

「哦。奶奶走了之後，你是不是也很傷心？」

她玩著樂高燈籠，點點頭：「嗯，我不開心。」

「那時候，你幾歲？」

「我很小。」

爺爺也加入我們的對話：「那一年，她四歲。」

小孫女說：「對啊。」

「那時候你才四歲，就記得這麼清楚，你好厲害哦！」

她低頭說：「我很想念我奶奶。」

氛圍多了一份小女孩思念祖母的哀傷，我選擇不接話。

小女孩鼓起勇氣問爺爺：「爺爺，你是不是也很想奶奶？」

坐在藤椅上的爺爺看著她，點點頭。

我問爺爺：「所以，你的太太去世之後，你就不說話了？」

他看著我：「沒有什麼話好說了。」

「你和她是一對感情很好的夫妻。沒有了她，你好像沒有了整個世界。沒有了太太，活著還有什麼意思？」

爺爺輕輕地點了一下頭，不想被我識破，卻又不得不承認，這是內心的事實。

小孫女繼續打小報告給我聽：「爺爺不跟我們說話的。媽媽和他說話，他罵媽媽。爸爸和他說話，他不理爸爸。爸爸現在都不和他說話了。媽媽常常叫我照顧爺爺，可是他還是不說話。」

小孩把家裡的互動說得清清楚楚。小女孩想付出照顧爺爺的心情，想填補父母無法照顧爺爺的責任。而爺爺失去妻子的孤單心境，也是可以被瞭解的。這些家人們都說不出的難言之隱，今天被孫女一語道破。倘若奶奶在天之靈聽到這段話，一定會很難過。

我選擇沉默，不接話。祖孫倆思念過世奶奶的哀傷逐漸浮現，我不想無禮地追問。

爺爺忍不住看著小女孩：「爺爺不需要你照顧。你還小，還需要爸爸媽媽照顧你。爺爺不需要你照顧的。」

親密恐懼

為什麼我們無法
好好愛人，
好好被愛？

定價410元

是不是 我不夠好，
才留不住愛？

《情緒勒索》作者
周慕姿扛鼎之作！

你、我所不知道的親密恐懼：

害怕或逃避愛情的人，是親密恐懼；
但討愛、想親近的人，更是親密恐懼。

六種親密恐懼，形成重複的愛情腳本。

周慕姿
諮商心理師

遠方有哀傷，此地有我

・從性侵受害者到倖存者，一段陪伴者同行的創傷療癒之路・

他用《不再沉默》告訴每個受傷的孩子：這不是你的錯。
現在，他用這本書竭力宣告——

任何一個受傷的人，都有機會重新開始。

回憶的碎片如此鋒利，我們如何縫合傷口，又如何療癒？

第一本由倖存者與陪伴者合著的創傷陪伴之書，最溫暖的力量

陳潔晧・徐思寧◎著

定價360元

我覺得爺爺說這一句話是很重要的。畢竟，**當大人不再是大人的時候，小孩沒有辦法做回小孩。**我希望小女孩可以聽明白這句話背後的真正含意。

我們都很愛你，我們都會照顧你

我問爺爺：「所以這四年，你都不太說話？」

「跟誰說？沒有人是可以相信的。」

我很想追問，可是基於小孩在旁，我很擔心爺爺會說出他和他兒子及媳婦的一些代溝狀況。我只好說：「所以，你必須要先相信一個人，才願意多說話。」

這一次，他稍微用力地點頭。

小孩說：「可是，你不開心的時候，要告訴我們啊！」

對於小女孩的勇氣，我既驚訝又欣賞。在我的臨床經驗裡，早就不再低估小孩看待事情的能力。我很欣賞眼前小孩的真誠及勇氣。

爺爺對著小孩笑笑。

我問小女孩：「你喜不喜歡這樣和爺爺說話？」

她笑著點頭。

「爺爺有沒有和你這樣說過話？」

小孩搖搖頭，臉上帶著微笑：「沒有。我很喜歡這樣的爺爺。爺爺這樣和我們說話，我很喜歡。」

我看著她說：「如果你想對爺爺說一句心裡話，你會說什麼？」

看著她那炯炯有神的眼珠上下左右轉了幾下，我彷彿感覺到身旁的爺爺也和我一樣，很期待此時此刻的她到底會和我們說些什麼。

她認真地看著爺爺，說：「爺爺，我們都很愛你，我們都會照顧你。」

我轉頭望著爺爺。爺爺聽到這一句話，很感動。我看到他的眼眶裡開始堆積淚水。

小女孩說了之後，蹲在階梯上的她玩弄自己的腳趾頭，不小心差點仆倒。爺爺伸出雙手抓住她，喊了一句：「小心啊你！」

差點仆倒在地的她咯咯大笑。然後爺爺抱住孫女，讓她坐在他的大腿上。

我決定讓剛才的對話就停在這裡，不再去追問，也不再多說。我知道再繼續多說什麼，都是畫蛇添足。我已經感覺到祖孫倆之間的關懷開始流動了。

稍微再聊十五分鐘後，我站起來，和他們道別。

準備離開之際，小女孩又送我一顆紙星星。我收下她送給我的第二顆紙星星，回她一個燦爛的笑容。

願意先主動閃爍的小星星

一個星期後，我和護士再次拜訪這名男病人。

這一次家訪，爺爺對媳婦做出特別的要求：「我想請阿暈和陳護士去吃我最喜歡吃的海南雞飯，我很久沒有吃了。」

我和爺爺、媳婦、孫女及護士五個人，一同在附近的餐館吃了一頓美味的午餐。我們有說有笑，我發現爺爺的胃口特別好，話說得特別多，笑容也多了一些。

準備離開前，我和護士站在餐館門口等計程車，同時也目送他們三人走在回家的道路。孫女走在中間，媽媽和爺爺在她左右並行。雖然他們都沒有牽手，可是就是往同一個方向，一同走回家。

護士笑著問我：「你到底做了些什麼？我們的病人好像變成另一個人了。」

我從我的包包裡拿出兩顆紙星星給護士看，並且把其中一顆送給護士，笑著回答她：「這是他的孫女給我的，我轉送一顆給你。其實這完全不干我的事，那是他的孫女帶給他的力量。」

望著他們三個人一同走著的背影，我想起了這一句歌詞：一閃一閃亮晶晶。

倘若天空能用來形容家庭，那麼**一個家庭裡的每一個成員，都是天空中的一顆星星。當每一顆星星都願意閃爍，這片天空，不管有多黑暗，都會讓人感到安心及寧靜。**

這個家的「小星星」是這位僅有八歲的小女孩。她就是那一顆高掛天空，願意先主動閃爍的小星星，讓這個家其中一顆早在四年前便放棄發亮的年長星星，再一次願意展現光亮。

Twinkle twinkle little star, how I wonder what you are...

（一閃一閃亮晶晶，滿天都是小星星……）

爸，喝茶
——越過恐懼，迎向愛

請你睜開眼睛哭泣，真實地看著當下，
讓自己的哀傷能被看見，能夠流動。

那晚，我在新加坡文化劇場觀賞一場舞蹈表演。要坐下之際，聽到後座有人叫了一聲：「以量！」

我回頭一望，坦白說，我記不得這名打扮漂亮且滿臉笑容的女子，我們是在哪裡見過面。

神采飛揚的她笑著對我說：「你忘記我啦？我終於回家向爸爸敬茶了。」

我記起她了！

她曾來參加家庭重塑工作坊。一年多不見，變漂亮了。

我回應她：「真高興今天能再次遇見你。」

散場後，我們在劇院大門口再次碰面。微笑的她忍不住張開雙手，我當然不吝嗇給她我那充滿祝福的擁抱。

我們都笑了。

家暴的父親，原來患了思覺失調症

一年前的某天，二十多歲的女孩坐在大團體裡，淚流滿臉地說著自己的生命故事。個子瘦小的她曾是家暴受害者，施暴者是她的爸爸。對於父親，她心裡有說不出的憤怒。

就在幾年前，她的父親被診斷患了思覺失調症——那一刻，所有的家人都覺得一切的痛苦，有了一個合理的解釋。

唯獨她無法拋開過去那些小時候被爸爸家暴的畫面：爸爸拿著菜刀，不斷往牆壁刮；爸爸憤怒地把孩子們的書本都撕破了；爸爸鞭打她；爸爸吵嚷要殺死全家……

那每一幅教人沉重的畫面，早已烙印在她的心靈深處。等她長大後，家人送爸爸去看精神科醫師，得到這樣的診斷結果，實在無法讓她放下過去對爸爸的一切怨恨。

她離家出走，已長達兩年。

她說：「家人們的開心，我感到很困惑。而對於自己的怨恨，我覺得很害怕又陌生。我永遠記得兩年前，我甩開媽媽的手，頭也不回，決定離開家，忍住不去偷瞄媽媽的眼淚。我知道媽媽很愛我，不過很多時候，這份愛對我來說很沉重。」關於童年時的家暴所帶給她的傷痛，她從未如此坦白地告訴過別人。一說著，多年壓抑的眼淚便撲簌簌地流下。

我試著邀請她找出扮演家庭成員的學員們，讓我們一同看看她的家庭到底如何互動，讓今日的她卡在這裡，動彈不得。她看似不再受過去影響，然而，這些故事不斷地在生活裡干擾她。

我邀請她讓我和學員們一同陪著她，去看看那些小時候走不過去的坎。當她描述事件時，我叮嚀她要**以「長大後」的角度去看童年家暴這件事，而不是從童年的角度再重溫家暴。**

最後獲得共識，我們都不讓她再次走入那些家暴畫面裡，重演這些事情。她只需要說故事，而由學員們將過去的互動情形演出來。我邀請她與我一同站在外圍，看著扮演她的替身及其他扮演她家人的學員們，模擬這些過去的互動就好了。

有關家暴的創傷，我們不只要解決這件事，更需要照顧女孩當下的身心狀態。所以我不要她重複這些傷痛，畢竟這些畫面已經在她的腦海裡重複多年。

這一次，我需要她以一種冷眼旁觀的第三者角度，來觀看整個過程。

女孩的家庭成員共六名，有爸爸、媽媽、姊姊、妹妹還有弟弟，她排行第二。

透過她的敘述，我們看到她童年時，有一種重複的家庭互動模式，那就是：一旦父親遇上任何不順心的事情，便會毆打媽媽。對此，大姊站在遠處觀望；身為老二的女孩會保護媽媽，拉走媽媽；年幼的弟弟及妹妹懼怕地跟在二姊的後面。女孩也試圖勸服爸爸，卻被同步毆打。

然後，下一次只要爸爸再次感到不高興、不順遂，家暴的事件又再重演。

大姊忍受不了爸爸長年家暴，因而離開家。有時候，為了避免爸爸真的鬧出人命，二姊（當事人）會拉住媽媽、弟弟及妹妹，把他們四個人反鎖在臥房裡。直到爸爸在客廳裡累倒，媽媽才開門，去照顧昏睡的爸爸。

經過女孩在現場的描述及指導，我們再一次重複家庭互動的模式。正當扮演爸爸的男學員對著模擬的家人們大喊：「我要砍死你們全家！」……那一刻，站在我身旁的女孩看著這幅模擬情景，雙手不停顫抖著，她一面哭，一面往後退，把自己的身體蜷曲著緊縮於教室一角。

我連忙指示所有參與的學員暫停模擬互動。

那些過去我們所壓抑的複雜情緒，一旦解放，身體會給我們很巨大的反應。我安靜地陪伴著，看著她不停地哭、不停地哭。我知道這痛很痛，不是說我們想要去承受，就可以去承受的。

我邀請扮演她的學員（替身）蹲在角落裡，面對著她，握住她的雙手。到最後替身慢慢和她一同蜷縮在角落裡，以示陪伴，給女孩力量。我請替身不用說安慰的話，就讓我們三人、還有外圍的學員們，還給這時空本有的寂靜就好。

她擦乾眼淚，突然很堅定地看著替身：「走，我們一起去！」

我連忙阻止她，先檢查為何她要再去正視這個畫面。我告訴她：「你可以在這裡放棄不再看這些畫面，就當這些畫面已經過去了。你不需要再去經歷這些傷痛。」

她給我一個原因及一個要求：

「我來這裡不只是要流眼淚。我要長大！我不要讓自己停留在過去。我要長大成為二十四歲的自己！」

接著，她對我說：「我有個懇求，以量。待會兒要是我退化為很小很小的女孩的話，請你拉我一把，可以嗎？」

我答應她，忍不住也同步對她說：「走，我們一起再看一看那些過去！」

我打從心底欽佩她擁有無懼的勇氣，面對過去的創傷。那跨不過的坎，怎樣都要咬緊牙關跨過去。

不要閉上眼睛哭泣

我們三人回到大團體的中心。我站在她身旁繼續陪伴她，並同步邀請模擬家庭成員們用緩慢的速度把整部戲碼演下去，請他們不要停下來。從無聲到有聲的家庭雕塑，我和她共同把每位模擬家庭成員的對白放進畫面裡。

模擬爸爸對著大家說：「我要砍死你們全家！」

模擬媽媽對著扮演當事人的替身及模擬弟弟、妹妹說：「忍一下，就會過去。」

模擬大姊站在遠處遙望著，說：「這不干我的事。」

模擬二姊（作為當事人的替身）忙著一直要保護弟弟、妹妹、媽媽，還要和父親對抗。

模擬弟弟及妹妹嚇到身體在顫抖。

在這個過程裡，我看到她臉上浮現不同的情緒反應，有恐懼，有憤怒，也有哀傷。這些表情使我深信，這一樁樁累積多年的創傷往事，讓這種種情緒在內心埋藏多年，而且也在內心翻滾多年，情緒始終找不到出口。

短短這一個多小時，我看見她從雙腿顫抖所展現的恐懼，到握緊拳頭且眼神流露的憎恨，到兩行眼淚的哀傷……這層層交疊的情緒，我鼓勵她不斷地穿越它們，把這些情緒背後的想法及期待說出來。

我的工作，就是陪著這個女孩將心裡翻滾多年且無法被疏通的情緒，能在此時此刻一一化為語言與行為。當時還小、無法說出的傷，現在慢慢地表達。

每當她能越過恐懼，我就請她對著模擬家庭成員們所展現的畫面，往前踏一步。

每當她能面對憤怒，我就請她對著這個空間，大聲地說出那些可以表達憤怒的話語。

每當她能處理哀傷，我就請她睜開眼睛流眼淚。我請她不要閉上眼睛哭泣，是因為一旦閉上眼睛，我們會自動把自己放在過去的畫面裡，而那些畫面已經不是真實的了。**我希望她能睜開眼睛哭泣，真實地看著當下的模擬畫面，讓自己的哀傷能被看見，能夠流動。**

整個環節，我們經歷了將近三個小時。直到她流動心中所有的負面情緒之後，心情整個平復下來。她冒出一句話，指著那幅家庭雕塑裡的家人（包括她自己），說：

「他們很可憐！」

從她的臉部表情，我看得出她心中有一種悲憫心自然地升起。**一旦越過恐懼、憤怒及哀傷之後，她不再執著於自己是一名受害者。她也能看見，不只是她一個人受傷了，其實這個家庭的每個成員都受傷了**，包括這幅場景裡的父親。

這個洞察力所帶來的悲憫心，實屬可貴！

「寬恕」，不能強迫，也不能道德綁架

我始終認為，在有黑暗的地方，我們試著加光；有創傷的地方，我們試著加愛。

我邀請她：「當你看到他們可憐的時候，不曉得你願不願意讓這個場景有多一點點的愛？給這個雕塑裡的家人多一點點的關懷？」

她走入那幅雕塑的畫面裡，對大姊表達她的不滿及遺憾之後，給大姊一個祝福的擁抱。

她從大團體裡選了一位很欣賞的女學員，站在媽媽的身旁。她說：「我希望帶一個天使給媽媽，讓媽媽心中有愛。」

她站在弟弟和妹妹面前，說了一句話：「**我是你們的二姊，不是你們的媽媽**。但是無論如何，我這個做姊姊的還是願意照顧你們。」

她看著扮演自己的學員，嘆了一口氣，緊擁著替身，給她自己一個很久很久的擁抱。她的身體不停顫抖，哭著擁抱自己，疼惜自己。替身也和她一同抱頭痛哭。我們旁人觀看著這一幕，都安靜地流淚，為她真誠的舉動打氣。

我們都知道現場還有一個關鍵人物，她尚未送上關懷。

她緩慢地走到父親面前，看著模擬爸爸良久，不曉得如何送上關愛。

終於，她對我說：「以量，可以準備一杯茶給我嗎？」

工作人員向她遞上一杯茶。她接過茶杯，再次走到父親面前：「你喝一杯茶吧。」扮演父親的男學員訝異她居然會遞上茶。接著，她對模擬父親說：「你吶喊了這麼久，也累了。喝杯茶吧。」

我真心喜歡她對於父親的這份心思。敬茶動作是一種很符合東方文化的行為。除了是晚輩對長輩表達尊重的行為之外，那些無法說的、無法道歉的、無法寬恕的話語，全裝載在那一杯茶裡，喝下之後，就讓彼此的關係重新連結。

父親喝完了，把茶杯遞回給她。

我帶著她，再次走出那幅雕塑，希望讓她再看一次替身敬爸爸一杯茶，而且爸爸把茶喝下的畫面。

她微笑了，內心很平靜：「我想為這個畫面做兩次鞠躬，可以嗎？」

我張開雙手：「如你所願。」

我和她一同緩慢地為她家裡所有的成員們，做了兩次鞠躬。

最後，我對她說：「很謝謝你這麼真誠地為我們展現你心裡的痛，也很欣賞你這麼願意正視這份痛。你知道剛才發生的一切，都是模擬的，它不是真實的。然而，你無懼的勇氣所帶來的改變及感動，這些都是真實的。請你將這份真實的愛帶回家，與你的家人分享。如果你願意的話，請你回家，記得敬父親一杯茶。就像你所渴望的，你們的父女關係，可以一切重新來過。」

她點頭微笑。

我們結束屬於她的家庭雕塑工作。學員們站起來，紛紛鼓掌，並給她擁抱。

看著這些感動的畫面，我已經無法以言語來表達內心的感動。

然而，說到這裡，我還是要向讀者們叮嚀幾句：

寬恕這件事，不能強迫，也不能道德綁架，何況是有關家暴的案例。要是當事人無法準

備去寬恕施暴者，那是被允許的。要當事人去寬恕施暴者，不是我們助人者需要耕耘的方向。

有關寬恕，我們助人者能陪當事人走多遠，全憑當事人自己想走多遠。當事人不用滿足助人者的標準與要求。雖然高道德標準的美德確實很迷人，不過，我們無須要求每位個案都一定要原諒施暴者。除非他們願意，就像這個女孩一樣。

女孩來信：一封誠實的動人生命書簡

從新加坡回到吉隆坡的兩週後，我收到女孩給我的email，她這樣寫著：

以量：

很高興與你重逢。我才讀了這篇文章的第一段文字，眼淚就忍不住了——那是我生命得到洗禮的一刻。

讓我跟你說說工作坊之後的故事吧。

我並不那麼有力量，工作坊宣洩的哀傷與恐懼，還不足以讓我馬上回家。我只是能夠比較平靜、比較客觀、比較誠實地去看待我們的生命。是，我變得誠實了些。

過去，我總認定自己是受害者，接近沉溺於委屈的情緒與憤怒。我的自我不斷地被這些負面情緒滋養著而茁壯、長大。也因為如此，我不曉得該如何真實地饒恕爸爸。呵呵，我挺好笑，腦海總不斷排練著回家的場景。開場白、角色的進出、對白與落幕，一遍又一遍地反覆演練。我想著你送我的話——越過恐懼，迎向愛。可是，這終究不會是真實的戲碼。

以量，我怕呀！

我如何能夠面對爸爸呢？我如何能夠放下？我怎麼可能做到寬恕？因為，我捨不得離開受害的身分。在委屈裡，我可以放肆地立於「我沒錯」的平台。指責他、咒怨他，讓我喜悅。帶著這種扭曲的快感，我想我是殘酷而悲哀的。

我的生命，就在矛盾中掙扎。

在這場學習裡，我終於能夠心甘情願地接受這個事實：

我比誰都渴望爸爸的愛。

我比誰都愛自己的爸爸。

這份愛，只是被恐懼和哀傷遮蓋。這份愛，一直都在，只是我用了許多許多的委屈與怨恨，埋葬了它。原來，我是這麼痛恨自己對爸爸的愛。

而我最恨的，是我自己。

所以，我無法跨過去。

只是，我不願意讓我們彼此都再這麼的苦了。

工作坊的種種畫面，讓我清清楚楚地看見我們都好可憐。我們的生命，太苦了。

那份痛，我怎麼捨得讓大家繼續背負著呢？我不捨得。我愛他們呀！家人們等著我回去，一直都等待著。

所以，我回家了。兩年不曾回家的我，終於回家了。

回家的那一天，我不知道要怎麼做。那天工作坊排練過的畫面都變成漿糊。外婆陪著我回去，她先幫我暖場，我則溜去廚房（我的天，我不知怎地變得害羞起來！）。

我在廚房看見茶壺和杯子，就自然而然地拿了一杯茶到前廳去。

我聽見自己的聲音：「爸爸，喝茶。」

他看著我，愣住了。

我也看著他，四目交接。我平靜得很，我看見他額頭的皺紋，還有頭上的白髮。我看著他的眼睛，很陌生的臉，但沒比這個更熟悉了。

他接過杯子，有些莫名其妙，有些不知所措地，把杯子放到一邊：「我等一下喝。」

「不可以，這是你女兒給你的茶。你現在就得喝。現在、馬上！」我真大膽，命令他。

他又拿起杯子，笑了：「那我喝了茶，你要乖。」

說完，他一口就喝完了。

這句話令我近乎疼痛地感動。很足夠了，我很滿足了。爸爸的愛，就只有這麼簡單。工作坊模擬敬茶的那一幕，竟是眼前這份真實的生命禮物。

我，把愛帶回家了。

我好感謝我的爸爸。沒有他，沒有強悍的我。沒有他，沒有堅定的我。沒有他，沒有漂亮的我。沒有他，就沒有我。生命，很美。

以量，你為我的生命開了窗，讓我感受陽光的溫度。你讓我看見，生命的真善美。請你，繼續把愛傳下去。我，也必定如此。我想，再也沒什麼比這個更好的了。不是嗎？

祝福你，祝福自己，祝福大家。

女孩

一月二十八日

另：以量，我一直都想與你分享這些，謝謝你成全了我。我有個想法，也請你斟酌。關於你的文字紀錄，我很感恩你把它寫了出來，我們都希望能夠以這篇文字把愛傳下去。也因此，我希望它是真實的。不需要修改身分、關係和背景，我只希望它是如實的生命紀錄。因為，我是現在的我。不受傷，所以也不需要保護。謝謝你，給我這一份珍貴的禮物。

我可以做回自己嗎？

——我想成為我自己，我也渴望靠近你

不在你手上的關係線，你要學習尊重，並相信他們有辦法做回他們自己。

數一數，我帶領家庭重塑工作坊快要二十年了，大部分來參加的學員，都是以女性居多。偶爾會有夫妻兩人前來參加，那也不是常有的事。

而有那麼一次，也是**目前唯一的一次**，有一位成年女性帶著父母來參加三天的工作坊。我格外珍惜如此難得的緣分。

這位成年女兒，三十歲，是一名教育工作者。她出席我的演講超過十次，也曾參加過一次我的家庭重塑工作坊，她說她之所以常來學習，是因為透過模擬家庭的雕塑所學到的概念很容易吸收，不難懂。

為了讓自己的爸媽更認識我，更瞭解我的教學方式，她還特地帶著他們去聽我的演講，鼓勵他們上講台做模擬家庭的雕塑演練。她曾在第一次參加工作坊時，坦言非常希望有那麼一天，輪到她探索自己的家庭雕塑時，是由自己的父母親自上陣，而非由學員來模擬及代替演練。

一年後，果然，她真的說服了爸媽一同來上三天的工作坊。

第一天早上，共同坐在圈內的學員，大約有二十人。我見到她及她的父母坐在圈內，準備上課。我對他們不陌生，點個頭，微笑，打個招呼。

她的父母只是被告知來參加我的課程，其實不知道課程內容是什麼。然而，學員們都格外珍視他們倆的存在，因為很難得會有和自己的爸媽同年齡的學員來參加。尤其她的爸爸一直被其他學員們點名成為模擬爸爸。看著他們很努力配合每位學員，參與每位學員們的生活模擬演練，我心裡既感恩，也感動。說實話，我從來沒有遇過一位五十多歲的男性來上課。他不但不抗拒我們的模擬家庭探索工作，反而還很投入地參與其中。

讓我們痛苦的，是「現實」與「理想」的落差

第二天早上，這位成年女兒舉手說她要探索自己的家庭。她徵求父母的同意，他們同步給了她許可。

她娓娓道來，覺得爸爸在家裡太強勢了。

父親是生意人，母親是家庭主婦，而她是一名教育工作者，妹妹在吉隆坡念大學。她說爸爸一向以來都要求很高，而且每次達不到他的要求，他就會發脾氣。而且爸爸也很容易焦慮，而妹妹從小到大都承接著爸爸的焦慮。

因爸爸的強勢，顯得媽媽更軟弱。如果媽媽稍微在教養上表達與丈夫不同的想法，爸爸說話就會更大聲。所以很多時候，為了以和為貴，媽媽索性沉默不語。

說到這個部分，她忍不住哭了。她說她最擔心的就是妹妹。

妹妹從小學四年級就開始失眠。中學時，無法好好上課，時常有輕微的「斷片」（blackout），導致媽媽必須帶妹妹去看精神科醫師。最近，妹妹由於念大學的壓力很大，無法適應全新的生活環境，打電話給媽媽，一面哭訴，一面求救。她很擔心妹妹。

妹妹愈有狀況，爸爸就愈責怪媽媽。而爸爸愈責怪媽媽，妹妹就愈有狀況。這不停輪迴的惡性循環，做大女兒的她一一看在眼裡，很想對爸爸反抗卻無力，很想幫助無助的媽媽及妹妹，卻不知從何下手。

當她如此訴說時，坐在圈內的媽媽也開始掉淚。

我看見爸爸在第一天的高度配合及投入，其實和這位女兒描述爸爸在家裡的強勢狀態是有出入的。我大概知道其實有不少成年人對外人及對家人的態度是不一樣的。

恰好我和爸爸在這個時候，正好對上了眼。我做出邀請：「你的大女兒在這麼多人面前，說出你們家的事情，你會介意嗎？」

爸爸：「不會。她想說，我讓她說。沒關係。」

「謝謝你如此大方地讓女兒在我們面前，說出她心裡的話。要是如果真的有那麼一刻，你心裡感到很不舒服，你要讓我知道，可以嗎？你只需要對我說：『以量，停下來。』我就會立刻停下來。」

爸爸點頭，我謝謝他的允許。

我轉頭問媽媽：「我們也這麼說，好嗎？要是有那麼一刻，媽媽很不舒服，你要讓我知道，好嗎？」她哭著點頭。

我們都知道，家醜不可外揚，不是每一個人都可以開放地讓所有人知道自己的家庭故事。何況這個市鎮不大，話題很容易被傳開。保密原則及尊重隱私，終究要做好。

我站起來，伸手邀請大女兒，說：「來，我們開始工作了。」接著我問：「你要選自己的父母做父母嗎？還是你要他們倆坐在外圍看你內心的經歷？」

「我要他們倆做回這場雕塑的父母，這也是為何我邀請他們來參加。我希望我們三人能一同經歷屬於我的家庭雕塑。」

我轉頭問他們倆：「我可以請你們也一同站起來嗎？」

由於妹妹在外地，姊姊挑了一個最像妹妹的學員來作為模擬妹妹。這位學員，身體瘦小，這幾天話也都不多。一家四口，就這樣出現在我眼前。

由於這是大女兒第二次參加我的工作坊，並且聽過我不少次的演講，我決定把自主權交給她：「你看過很多次我的工作了。這一次，你想要如何把自己的家庭雕塑出來呢？」

她毫不猶豫，很快速地請爸爸站在椅子上，請媽媽站在爸爸的對面。然後，她讓爸爸用食指指向媽媽，並且讓媽媽跪下。

雕塑出父母的婚姻關係畫面後，她站在那兒，閉上眼睛，哭得好大聲：「對對對，就是這樣。就是這樣。」

自懂事以來，她就是如此看著爸媽之間的夫妻關係長大，他們倆就是這麼一強一弱地互動著。然而，她理想中的夫妻關係應該是平等的，而且親密、有得商量。可是她的爸媽不是這樣互動的。

說穿了，讓人們痛苦的不是現實的狀況，也不是理想的畫面。真正讓我們痛苦的，其實是「現實」與「理想」這兩者之間的落差。這之間有愈大的落差，我們就愈痛苦。要麼你就承認現況、接受現況或改善現況；要麼你就調整自己的「期待」，放下「理想」。

然而這幾年來，她不管怎樣努力，都無法讓「現實」與「理想」之間的差距變小。這也是為何當下的她創造出由父母親自扮演雕塑的真實畫面後，眼淚就立即掉下來。

愈想掌控不在你手裡的關係線，愈挫敗

除了照顧她，我也走去爸爸的身旁，看著那個站在椅子上的他，詢問他：「爸爸還好嗎？」

之後，我也跪下和媽媽同在一起，詢問她：「媽媽還好嗎？」

爸爸以很心疼女兒的眼神要我繼續。媽媽則流著淚，不多話，點頭表示可以繼續。

其實啊，**一個家庭，如果有一個人受傷了，那就意味著每一個家庭成員都同步受傷了。**

我回到大女兒的身邊，緩緩地問她一句：「我從你的眼淚裡，感受到你的失落。你有什麼話要對我們說嗎？」

她無法說出任何一句話，就只是一直在哭。

等她心情稍微平復之後，她說：「我知道爸爸很苦。爸爸從小就很苦。我的爺爺在爸爸很小的時候就去世了，而且我的奶奶很需要爸爸幫忙養家糊口，所以七歲的他沒有辦法繼續求學，被迫去打工養家。這樣的成長環境，難免讓他經歷很多委屈。

他對自己特別苛刻，要求也特別高，同樣地，對我們也要求很高。每一次我們達不到他的要求，他就會發脾氣。可是，爸爸不知道在他生氣背後所產生的焦慮，我們一家人都幫他扛下來了。尤其是妹妹，妹妹一直在吸收著爸爸所散發出來的焦慮。」

「所以，你是家裡那一位最看不下去，一直想要和爸爸頂撞的那個人嘍？」我如此詢問，是因為我也在大女兒的眼神裡，看到她與父親相似的氣勢。

「對，我就是在家裡那個聲音比較大聲、表達比較多、看法和爸爸比較不一樣的人。」她一面擦眼淚，一面說。

大女兒的話語告訴了我們，即便她在家裡有多大的聲量，依然無法扭轉乾坤，改變不了爸爸在這個家庭裡的影響力。

我邀請她說：「你去找爸爸、媽媽討論一下。」

我請爸爸繼續站在椅子上，用左手指向太太，用右手指向大女兒。

她嘆了一口氣，走到爸爸面前，說：「爸，我可以做回我自己嗎？」

說完，她閉上眼睛，流下無助的眼淚。那是她內心多年以來的真心話。

要一個成年女兒對爸爸說出這樣的一番話，足可想見，除了是「爸爸的女兒」這個角色，她在內心是多麼渴望「自己可以成為自己」。三十歲的她，不想要生命只是不停地滿足爸爸的期待而已。

爸爸看著大女兒掉淚，自己也隨之掉淚。

從女兒口中冒出這一句話，我看見這並沒有冒犯爸爸，也沒有激怒爸爸，反而是讓爸爸動容地掉淚了。爸爸擁有這份柔軟的心，我猜，我猜，或許他也同步回憶起小時候的自己。那個童年時的爸爸，也很渴望有勇氣對自己的母親說一聲：「媽，我可以做回我自己嗎？」

教人難過的是，小時候的他，哪有什麼資格談論做回自己呀?!那個連吃飽都成問題的年代，做自己是一件多麼奢侈的事啊……

被女兒這句話打動的爸爸，眼淚不停在眼眶裡打轉。我連忙請爸爸坐在椅子上。我擔心畢竟已五十多歲的父親無法承受這麼大的衝擊，血壓一下子飆高就不好了。

我也拿著一張椅子，請跪著的媽媽和爸爸同排坐下。再拿一張椅子，請大女兒坐在父母的對面。一家三口如此面對面地坐下來。

我坐在大女兒身旁，問她：「你曾經像現在這樣，跟爸媽一同坐下來，好好談心事嗎？」

大女兒說：「沒有。」

「為什麼？」

「不可能。爸爸會發脾氣，媽媽叫我們忍，我自己會生悶氣。」

「嗯。爸爸現在有發脾氣嗎？」

「沒有。」紅著眼睛的她偷看了爸爸一眼。

「嗯。媽媽現在有叫你忍一忍嗎？」

「沒有。」

「嗯。那你呢？你現在有在生悶氣嗎？」

「沒有。我比較多的是感到難過。」

「嗯，是的。我們很感恩此時此刻的爸爸、媽媽，還有你，可以用比較敞開心扉的方式，來說出心中話。當你說難過的時候，我相信他們倆現在也因你的難過而感到難過。」

「是的。我很謝謝他們，我也很愛他們。」

「你直接跟他們說。」

「爸、媽，我真的很愛、很愛你們。」女兒說著掉淚，她伸出雙手，爸媽也同步接著女兒的雙手。

「請你繼續對他們多說……」

「爸，每一次我看見妹妹這麼辛苦，我也很辛苦。但更多的是我很擔心，我怕妹妹會想不開，會憂鬱到結束自己的生命。我看見爸爸你每一次都罵媽媽，用聲音來壓著我們。這麼多年來，我不知道我可以怎麼做。所以我不是自己躲進房間裡，生你的悶氣，就是有事無事都往外面跑，讓自己很忙，去做義工。即便是假期，我都讓自己很忙、很忙。」

爸爸一面聽，一面點頭：「我知道。」

我對著女兒說：「很好，你做得很好。還有呢？請你繼續跟爸爸說。」

「爸，我可以做回自己嗎？」

她繼續哭著說。心裡已經沒有第一次訴說的激動，她能比較踏實地做出要求。

「請你多說，你要多說什麼叫做『做回你自己』，不然爸爸聽不懂。」我試著引導。

「爸，我希望有時候，我可以不用這麼辛苦地去做你的女兒。我還是很愛你的。不過，我希望我可以有自己的想法、自己的生活。」

「爸爸，你有什麼想法嗎？」我向爸爸做出詢問。

爸爸停頓了一下。我其實有看見爸爸眼神裡的憤怒，可是他自己試著努力去消化內心的憤怒。他對女兒說：「其實爸爸沒有阻止過你們去過你們要的生活。你要什麼，爸爸都盡量給你。其實我一直都很注重你們。我覺得我不會做爸爸，所以我只能用罵的方式來做爸爸。」

爸爸說完了之後，我感覺到自己是心疼眼前這位爸爸的。這位爸爸從小就沒有了自己的父親，要作為兩個女兒的爸爸，他也沒有足夠的身教及示範。然而，我沒有想要去探索爸爸的原生家庭，因為在眾多人面前如此刻意去挖爸爸童年時所帶來的傷疤及挫敗，我覺得那是很沒有禮貌的事情。所以我點點頭，請爸爸多說。

爸爸說：「嗯。我沒有什麼要說了。」

我點頭謝謝，轉頭問大女兒：「你聽到什麼？」

大女兒直接對爸爸說：「謝謝你，爸。謝謝你。」

「嗯，我感覺到你把爸爸的話聽進去了。對嗎？」

「嗯。我希望爸爸在家裡也可以這樣和我們說話。」

「你剛才不是說你要做回自己嗎？我還以為你要離家出走呢。怎麼現在聽起來，你卻更想要靠近爸爸。」

其實每個為人兒女的，一方面想要成為自己，另一方面卻渴望父母繼續疼愛著他們。很多時候，那些一直口口聲聲說要自由的成年孩子，說穿了就是在家裡不開心，所以才時常往外跑。**如果家是溫暖而且自在的，試問：誰還想要擁有離家出走而獲得自由的念頭呢？**

大女兒說：「是的。我想成為我自己，可是我也渴望靠近爸爸。」

「好，我可以教你一些新知識嗎？」

「可以。」

我從我的書包裡，拿出三條紅色布帶。我把這三條線交給他們，請他們自行連結一家三口：爸爸和媽媽連結了夫妻關係的線條，女兒各自與爸媽連結了父女及母女的關係線。

我對大女兒說：「這是我們每一個人的原生家庭三角圖。你手上拿著的就只有兩條線，你可以好好地去經營你和爸爸的關係線，以及你和媽媽的關係線。可是，你父母的夫妻關係線不在你手上，你不能夠左右他們的夫妻關係。**凡是不在你手上的關係線，你都無法左右。愈想掌控不在你手上的關係線，會愈感覺挫敗。你只能學習尊重。即便他們吵架、不說話、冷戰，那也是他們的事，如果你可以的話，請你不要去插手。尊重他們、相信他們。**」

我刻意以濃濃的廣東腔說：「伊人是安捏款A。」（福建話：他們就是這樣的。）大女兒笑了，爸媽也笑了，坐在外圍的夥伴們也都會心一笑。緊繃的氣氛緩和了下來。

我重複說一次：「你只能好好地經營你手上的兩條關係線，那就是父女及母女的關係。要是你能好好經營這兩條關係線，我就覺得很了不起了。」

我再拿出三條藍色布帶，請他們各自拿著這條藍色布帶的兩端，讓它看起來不會掉在地上。我指著這藍色的布帶說：「這是屬於你們和自己的關係線。爸爸有屬於自己和自己的關係線，媽媽也有，而且女兒也有。」

我對大女兒說：「我猜，我猜，你所指的『做回自己』，無非就是你想要做出一個承諾，你不想在爸媽的夫妻關係裡過於操心，也不想在爸爸和妹妹的父女關係裡過於擔心。你想好好照顧自己和自己的關係，然而，你也不想放棄作為爸爸、媽媽的女兒。這也恰恰好說明了，你想要好好經營你手上僅有的三條關係：你和爸爸的父女關係線，你和媽媽的母女關係線，還有你和自己的關係線。不在你手上的關係線，你決定要放下了。」

這樣的解釋，大女兒看得很清楚，不停地點頭。

我繼續說：「做回自己，那是什麼概念呢？讓我在這裡繼續多說。我想，沒有人是一座孤島，也沒有人願意成為一座孤島。**除了拿好自己和自己的關係線之外，也要拿好自己和別人的關係線。請不要去拿不屬於你和別人的關係線。**好好地愛自己，也好好地愛著爸爸、愛著媽媽、愛著妹妹。其他不在你手上的關係線，你要學習尊重，以及相信他們有辦法做回他們自己。」

大女兒點點頭，給我一個安靜的微笑。

我再問爸爸：「你還有什麼話想對我說嗎？」

「沒有了。謝謝你，以量。」

「辛苦你了。謝謝你這麼願意及允許我在你們一家人面前班門弄斧，謝謝你如此信任我。」

「媽媽，你呢？」

紅著眼睛的媽媽給我一個微笑。

媽媽這三天一直都不多說話，可是我知道她心裡愛著家裡每一個人。她的家人就是她的一切，她每個都愛。所以她才願意繼續把苦放在自己的心裡，讓每個人都能得到快樂。

說實話，如果不是因為愛，誰想要在家庭裡受苦呢？

（待續）

每一位爸爸都是不容易的

——不多話，不代表心裡不在乎

爸爸好抱歉。
爸爸不知道這麼做，原來是如此傷害著你。

【前情提要】三十歲的女兒帶了父母一起來參加家庭重塑工作坊，更邀請父母在自己的家庭雕塑中，扮演自己的「父母親」。女兒藉此機會，對父親坦言想「做回自己」，也表示自己一直渴望與強勢的父親有更親密的連結。父親聽後，則向女兒說明自己從未阻止孩子們追求她們想要的生活，只是自己不懂得做好父親的角色。這場心靈對談，解除了兩人內心積累已久的矛盾……

時間一晃，這一家三口的家庭雕塑經驗已經過了整整十年。

由於要把這篇文章寫進這本書裡，我主動email聯繫故事中的大女兒。得到了他們一家人的批閱及同意，我才能把這個故事在這裡寫下來。

我並沒有辦法如實把所有的互動細節都寫進來。然而，我盡量讓那種感動的氛圍及令人動容的互動，給它還原。

十年後的大女兒回顧那一天的工作時，對我說：「自此以後，家裡的氛圍改變好多喔。大家願意一起改變，真的好很多。其他的，你都知道了。」

是的，其他的，我都知道了。這十年之間，只要我每一次出現在他們的家鄉，媽媽和大女兒一定會前來幫忙我們籌備活動。爸爸也很放心讓家人們繼續去聽我的演講。媽媽話多了，笑容也多了，偶爾還會在臉書和我開玩笑。大女兒以前眼神裡藏著的怒氣也愈來愈柔和了。同時也透過大女兒的分享，爸爸不那麼常發脾氣了，妹妹也隨之自在多了。

大女兒還對我說，最近在她的詢問之下，爸爸也願意與媽媽一同談論自己的善終。談到「要和誰說再見」時，爸爸對媽媽說：「好好照顧自己，希望我們來世再聚。」

這是她第一次聽到爸爸對媽媽表達含蓄的愛，她非常感動。

我想，如果連死亡的話題都可以說開了，試問還有什麼議題，這一家人不可以說的呢？我真心羨慕他們一家人有如此深厚的連結。

謝謝你，我們的「大眾爸爸」

事後，大女兒把一張照片透過email寄給我，讓我能重溫當初工作坊的感動。那是一張我在工作坊擁抱她爸爸的照片，被她拍下了。

我不會忘記那三天裡，除了他女兒那一場的家庭重塑工作，他需要扮演最真實的自己之外，這位爸爸一直被所有學員選為擔任模擬爸爸的角色。是的，你沒有聽錯，他變成了在場所有男生及女生的模擬爸爸。有些家庭雕塑裡的模擬爸爸是令人討厭的、權威的、不說話的、不負責任的，或者很霸道的，近乎眾多爸爸的不同面貌都被他的演出而展現出來。這位爸爸非常配合大家的需求，不停投入在角色當中。

有好幾回，這位爸爸也看著那些受傷流淚的學員們說：「爸爸好抱歉。爸爸不知道這麼做，原來是如此傷害著你。」這位爸爸那幾天所流露的真誠，讓我很動容。

三天工作坊完畢後，這位爸爸主動要和工作人員們一同收拾椅子、整理場地。人去樓空，正當那個離別的當下，我對他說：「謝謝你。我們的工作坊從來沒有一個像你這樣五十多歲的男人願意來參加。我很謝謝你如此地投入，也謝謝你願意成為這麼多學員的模擬爸爸，讓他們在這條成長道路上，得到療癒及改善。謝謝你，我們的大眾爸爸。」

他回覆我：「我也很高興能夠派上用場。每一位爸爸都是不容易的。我們這一代的男人**不多話，可是這並不代表我們心裡不在乎。**我們都知道的。」

我和爸爸兩人互相合掌說再見。

就在那一剎那，我鼓起勇氣和這位爸爸說：「我可以給你一個擁抱，來作為道聲再見嗎？」

爸爸毫不猶豫地張開雙手，給我一個擁抱。

就這樣，大女兒趕緊拿起手機，為我們倆留下了一張「相擁的剎那」，在心中成為美麗的永恆。

爸，我吃飽了
——什麼是愛？這就是愛

歲月真的不等我們，殘忍地要我們在多年以後才懂得，行孝及報恩，都需要「及時」。

再過幾天就是她的生日，我請她吃晚餐。

我們曾是同事，相識快要十年了。她是從事殯葬服務超過二十年的禮儀師。我們不常見面，然而，一見面就會分享彼此協助喪親者的經驗及體悟。

其實每一位從事殯葬業的夥伴，背後免不了有一個屬於自己的失落故事。我和這位女同事也不例外：我們都沒有了父親。

我很少過問同事們的私事。卻不知為何，那一夜，我們聊得特別起勁。她侃侃而談自己和父親的故事，而且愈談愈深入。我想或許是因為她的生日落在父親節的那個月份吧。

我回到家後，傳簡訊問她：「我可以把你和你爸爸的故事寫下來嗎？」

「你就拿去用吧。」她回。

於是我坐在電腦前，把她和她父親的故事，一口氣寫了出來。

我想將這篇文章當成生日禮物送給她，祝福她生日快樂。也祝福她的爸爸在遠方一切大安。

故事開始了……

爸爸的身教，深埋入心

小女孩年幼時，家境貧窮。

小女孩的爸爸每天都開著一輛小貨車賣麵包，她也坐在車上，跟隨著爸爸的身影，到處在市鎮賣麵包。

有時候遇到小男孩追著他們的小貨車，小女孩會害怕，叫爸爸開快一些。可是爸爸不但沒有加快速度，反而停下車，拿了一個麵包給男孩。每次遇上男孩追車子，爸爸必定會停下來，給他一個麵包。

有那麼一次，一位老太太對著她爸爸說：「我只有五塊錢，想吃麵包。」爸爸把五塊錢硬幣塞回給老太太，然後拿出一個、兩個、三個、四個麵包給老太太充飢，說：「給你吃。」

小女孩坐在車上，把這些場景及過程都記得清清楚楚。爸爸助人不求回報的身教，早已種在小女孩的心靈，只待發酵。

即便小女孩的媽媽每次都埋怨錢不夠用，爸爸卻從未停止過助人的精神。小女孩一直在心裡尊敬著這位無私的爸爸。

有那麼一次，因為家裡太窮，沒有能力付電費，電力公司的人要來斷電。爸爸無可奈何，只能躲在房裡，吩咐小女孩站在窗前，幫忙擋住這一切。

聽話的小女孩隔著窗口，對著電力公司的人說：「我爸爸不在家。」

小女孩自然流露出乞求的眼神，希望電力公司的叔叔不要切斷他們家的電源。工作人員不忍心，只好作罷，離開了。

身為大姊的她，從很小就知道大人的生活不易，生存很難。她在心裡想著，長大後要為父母遮風擋雨，讓他們過好日子。

爸爸離世，留下遺憾

一回，她要爸爸摘紅毛丹給她吃。爸爸爬上樹，正準備要摘下紅毛丹之際，突然朝著她大喊：「快點跑！」

小女孩不管三七二十一，使盡力氣地轉身逃跑。但她穿了大號的藍白拖，跑不快。跑了沒幾步，竟把拖鞋跑脫了，她不得不停下來——正當穿回拖鞋的那一刻，她看見跑在後面的爸爸也停了下來，任由蜜蜂螫傷他。

回到家後，媽媽不停地幫爸爸洗傷口消毒。爸爸的頭上被螫傷整整二十處。

小女孩問爸爸：「為什麼你那個時候停下來，不跑快一點？」

「小傻瓜，要是我再繼續跑，蜜蜂就會盯上你了。」

故事說到這裡的時候，她不禁哽咽。而我強烈感受到她爸爸身上的每一處螫傷，都是為了保護自己的大女兒不受傷。

長大後，她因為叛逆、不懂事，開始與爸爸的關係漸行漸遠。就在自己處於最想追尋自由的生命階段時，爸爸過世了。

身為大女兒的她來不及賺錢養家、為爸媽遮風擋雨，爸爸就去世了。**歲月真的不等我們，殘忍地要我們在多年以後才懂得，行孝及報恩都需要「及時」**。

爸爸離世，留給小女孩不少遺憾。

如今，小女孩長大了，坐在我面前，告訴我生命這一二。

從這位女同事的生命裡，我深信父親的身教影響了她。同時我也看見，她的身教也正在影響著她的孩子們。那愛的身影，一代傳一代。

謝謝她告訴我這麼動容的故事。有這樣的父親，我想，那是她一生中最珍貴的幸福。

再一次，祝福她，祝福她的爸爸。希望她生日快樂。

小小年紀的體貼

鏡頭再轉回女孩小時候的家庭場景。

有那麼一次，爸爸在外面買了炒麵回家，要媽媽盛給孩子們吃。

爸爸對著孩子們說：「我不餓，你們吃。」

身為大姊的小女孩直覺敏銳，知道爸爸只有能力買一份炒麵給一家四口吃。他想讓孩子們多吃一些，所以寧可自己挨餓。

於是小女孩就吃了兩口，然後對爸爸說：「爸，我吃飽了。你吃。」

嗯，什麼是愛？我想，這就是。

告訴自己：

「〇〇（自己的名字），你真棒！儘管生命不順遂，甚至幾度很想放棄，到最後你還是撐過去了。我為你感到無比驕傲！任何人都有權利放棄我們，但我們自己別放棄自己。」

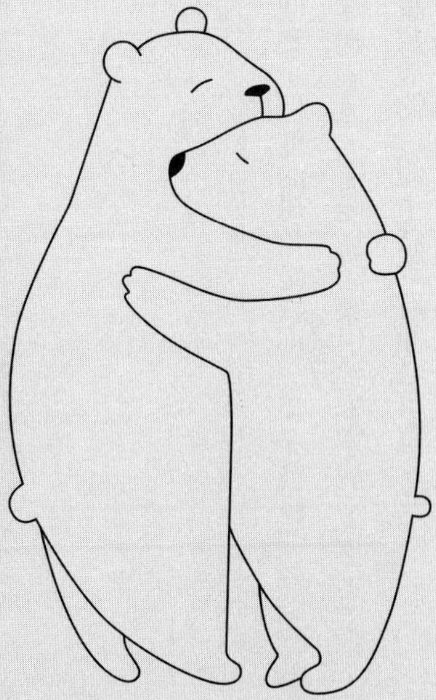

我恨媽媽，我也愛媽媽

——每一個人都有自己成長的時機

孩子只是家庭的一面鏡子。

他們並不是問題本身，他們只是長期背著問題的受害者。

這個男生十九歲，曾經試圖服藥四十多顆自殺，不過被救回了。

他不是我的個案，但他的母親是我從一年多前就開始陪伴的臨終病人。身為二兒子的他，因為媽媽病危，需要從居家送進安寧病房接受照顧，我和他約在安寧中心的花園裡，討論為他的母親申請政府津貼事宜。

「如果我沒有這樣的家庭，我肯定是一個很優秀的男生。」他直言。

一見面，他就開始對我敘說他的生命故事。我選擇好好地聆聽。

你可以有屬於自己的解讀

除了爸爸和媽媽，他還有一個相差八歲的哥哥。

聽他娓娓訴說家庭故事的時候，我近乎忘記自己身為心理輔導員的角色，隨著故事起伏，心情不禁也掉入起伏的狀態。他是一個說話很有說服力的男生。不只他覺得自己優秀，我也覺得他很優秀。

當他念小學五年級時，已經感受到他的家並不是一個幸福的家。那時候，哥哥已出外工作。媽媽是名洗碗工人。不務正業的爸爸則忙著在外頭的婚外情，還有嫖妓。

他說：「我並不怪我的爸爸有婚外情，因為他也有他的性需要。我媽媽不給他，他只好出去找。可是，為什麼他連身為爸爸的部分也不願意去做呢？我不明白。」

他說得非常清楚。他知道**婚姻關係出了問題，並不見得這段婚姻裡的親子關係也會出問題。做不成夫妻，其實也可以做父母**。可是，他的爸爸讓他失望了。

「他是個混蛋！」他如此說。

我說：「對你來說，他就是一個混蛋。」

他驚訝地看著我：「從來沒有人這樣回應我。你是第一個。」

我問他：「他們都怎麼說？」

「大人們說不管他怎麼壞，都還是我的爸爸，我不應該這樣說自己的爸爸。」

「可是，對你來說，你覺得他是什麼？」

「他就是個混蛋！」

我點頭並不代表我同意他的解讀，我點頭是在表示允許**他對爸爸有屬於自己的解讀**。我請他繼續述說。

父母破碎婚姻的代罪羔羊

他說爸爸常在別人面前誇耀自己和兩個兒子的成績。

「如果你認識我爸爸，你一定很驚訝一個外表看起來這麼好的人，其實內在是顆爛蘋果。」他說：「我的哥哥就是因為不要成為爸爸對外炫耀的工具，故意不把成績考好。可是，我不像他這麼笨。我的生命是我自己的。到最後，我還是要為自己的生命負責，所以我不會拿自己的成績開玩笑。」

他繼續說，他很早就知道自己需要活在一個爸媽長期水火不相容的家庭。父母吵架，拿哥哥和他當出氣筒。這樣的狀況持續到他念初二時，變得更惡劣——為了省下開房花費，爸爸索性帶妓女回家！

「家裡簡直就是一個地獄。」他說：「那個時候，我媽媽躲在房間一直哭。我爸爸不停地帶不同的女人回家。哥哥又離家出走。爸爸還要我幫他買飯給他和他那些女人吃。你相信嗎？所有的家務到最後都是我在做！連現在申請政府津貼，都是我在處理！」

當爸爸像一個不負責任的大小孩，媽媽像一個受盡傷害的小女孩時，哥哥什麼也不管，所以他就被迫長大起來了。

婚姻的破碎，讓一個孩子的生命受傷了。

「你那個時候怎麼應對？」

他說：「我不哭。只要看到有什麼事情需要我做的，我便盡力去做，盡力去幫忙。所以，我很強。我比任何同班同學都來得成熟。」

我聽到這裡，很心酸。他以為那是一種榮耀，其實這有什麼好驕傲的呢?!

「現在說到這裡，你覺得那時候的自己是一個怎樣的人？」

「是一個愚蠢的白痴！」

「怎麼說？」

「我覺得自己真的蠢。為什麼不能夠像哥哥那樣一走了之？我曾經離家出走過一次，可是三十個小時之後，就回家了。」

「為什麼只有三十個小時？」我問。

他說：「因為要上課了，我的制服在家裡。」

「所以，後來你就沒有再離家出走？」

「嗯。」

「為什麼？」

「看到爸媽吵架的時候，我曾想過要去警察局，請警察安排地方讓我住。我不要住在家裡，我根本沒有辦法專心念書。」

「那為什麼你沒有去做？」

「我們東方人很愛面子。我做不出讓我家人感到丟臉的事情。」

「看起來，你處處為爸媽著想。」

他說：「其實不是的，我不是為他們著想。我沒有辦法，只能繼續為我自己撐下去。」

「你吸收了太多媽媽的負面情緒。至於你的爸爸，你看到太多不應該看到的畫面。」我告訴他。

他點著頭。

我更想說的是：「其實你就是他們破碎婚姻的代罪羔羊。」

可是，我說不出口，話已經到嘴邊，還是選擇吞回去。因為，這樣的評論很傷人，我不忍心。

再多一滴，壓力便傾洩而出

他紅著眼睛：「我知道自己完全沒有辦法改變爸爸。我很恨他。其實，我更恨媽媽。我恨她沒有早一點離開爸爸，如果她可以早一些離開爸爸，我就不需要經歷這麼多痛苦了。」

我點點頭說：「所以媽媽也是一個壞人嘍！」

「不是，她不是。只是她一直不相信我。她一直不相信我其實已經長大了。」

「你恨你媽媽，也愛你媽媽。是不是？」

他點點頭：「是。」

「如今你媽媽快要死了，我相信你都知道，對不對？」

「我知道。醫生已經告訴我們，她可能只剩下一個月的壽命而已。」

「你還有什麼話想要告訴她？」

「我不知道她還要我做什麼。我想做些什麼，至少讓她安心。」

由此可見，他是一個很貼心的男孩，寧願自己受苦，也要家人開心。

「你媽媽對我說了，她也希望透過我告訴你……」

他眼睛一亮：「我媽媽對你說了什麼？」

「對你，她有兩個願望。第一，希望你能夠好好完成你的學業。」

他很肯定地說：「這個沒問題。」

「第二，她希望你不要感情用事。她很怕你走錯路，她很怕。」

他明白我暗示什麼，反問我：「我媽媽跟你說過有關我自殺的問題？」

我說：「是的。對於你去年自殺的事情，你媽媽非常自責，她覺得自己沒有做好媽媽的角色。她發現她給了你這麼多不必要的壓力。所以這幾個月，她在家裡忍住痛，不吭聲；蹲在洗手間忍住痛，爬不起來，也不敢來煩你；深夜痛到無法忍受，也不敢吵你。因為，她知道你再也承受不了壓力。」

聽見媽媽的用心良苦，兒子反而升起了更大的憤怒。

「我之前就告訴過她，我自殺是因為太多事情發生在我身上！不只是為了他們兩個人的事情！他們兩人的婚姻破碎到去年離婚，我都一直能夠撐下去。只是，後來有這麼多事情發生，我受不了了！」

我說：「什麼事情發生在你身上？」

他說：「那個時候，我和女朋友分手。我在服兵役的時候無法承受壓力，而我的成績又這麼亂七八糟。你明白嗎？那些壓力就像一杯盛滿水的杯，只需要多一滴水滴就可以瀉出來了。所以，那個時候只需要發生一件小事，我就再也忍受不下去了。」

迷失的孩子

「你坐在這裡，現在的你被救回來了，你還有在想為什麼爸爸媽媽要把你生下來嗎？」

他用很驚訝的眼神看著我：「為什麼你知道我有這樣的想法？」

我驕傲地說：「因為我是醫療社工，況且我是經驗豐厚的資深醫療社工。」

他笑了一笑。

「我在自殺前，就很恨父母把我生下來，又沒有給我幸福的家庭。如果我有一個幸福的家庭，我的命運就不是這樣的了。」

我非常同意。**孩子只是家庭的一面鏡子。他們並不是問題本身，他們只是長期背著問題的受害者，久而久之，就成了問題少年。**

「是的。所以，你還是恨他們。現在你還恨他們嗎？」

「我不恨他們了。我可憐他們。我可憐他們。」

我順著話：「所以，你也可憐你自己。」

他低下頭：「嗯。」

我繼續說：「這兩年，太多事情發生在你身上了。自殺被救回後，媽媽患了末期癌症，她向你爸爸提出離婚。然後，你和媽媽搬出來住。現在媽媽也快死了。彷彿你的煩惱一切都準備要消失了。你期待已久的自由即將來臨了，對不對？」他說：「坦白告訴你，知道不用再照顧媽媽時，我心裡是高興的。可是我知道這樣很不好。我不敢告訴別人，其實我有一種如釋重負的感覺。」

我問：「為何不敢？」

他說：「人家會說我不孝。」

又是一個「孝」字。我眼前的年輕人就是一直以來背負著「好兒子」的標籤，成了家裡的代罪羔羊，現在連一絲如釋重負的感覺都不敢說出來。

「你就尊重自己有這種如釋重負的感覺吧。這是很真實的，而且，這和孝順完全沒有關係。我可以接受你這麼誠實的回應。事實上，我很欣賞你能夠真誠地說出來。」

「這幾個月發生的事情，我知道快要結束了。我知道我終於要沒有家了。我哥哥已經有了自己的家庭；我不打算跟著我的爸爸。如果媽媽去世了，我知道我就沒有家可以回了……」

他說到這裡，幾乎哭了出來……

「這不是你一直想要的嗎？不要再承受媽媽的苦，終於不必再承受他們婚姻之間的苦。」我故意挑戰他，所以問了這樣的問題。他的眼淚奪眶而出。

「這是我一直以來很想發生的事情。現在終於要發生了，可是……」

他說不出口，停在那兒……

我接話說：「人生就像閱讀一本書。你用了十九年來閱讀同一個章節，現在你終於被允許翻開下一篇章節了。」

他說：「是啊！終於可以結束這一章了。」

我說：「能夠結束這一章的感覺如何？」

他沉默地望著蔚藍的天空，說：「**我感到迷失……**」

聽他這麼說，不知為何，我也有了同樣的心情。我爸爸去世，後來我媽媽去世，那時，我也是感到很迷失。

當下的我讓自己不說話，靜靜地陪著他。讓那迷失的心情暫時陪著我們。

即使沒有人給你肯定，你也要給你自己鼓勵

雖然我不喜歡做比較，然而在破碎家庭長大的孩子，怎麼說也總比一個沒有父母的孤兒好得多。我突然完全可以瞭解坐在面前的他是如此的迷失。

一個可以讓你既愛又恨的家，快要消失了。「空」了，什麼也抓不到了，那才教人感到焦慮。

幾分鐘之後，我劃破沉默：「你還可以為媽媽做什麼？」

「我每天都會過來陪著她。」

「是的，媽媽需要你的陪伴。還有呢？」

「其實我很想告訴她，叫她放心走。她最不放心我，我知道。因為大哥已經有大嫂照顧，可我沒有。但她並不曉得我已經不是以前的我，我已經長大了。」

我明白他的意思。從鬼門關回來之後，生命的寬度相對地擴大了。

「那你有讓媽媽知道你長大了嗎？」

他搖頭。

「是什麼原因阻止你不讓她知道？」

「我覺得很怪，不知道該怎麼開始說。」

我做出邀請：「如果我願意在下週四下午兩點，和你媽媽還有你一同對談的話，你願意嗎？」

他看著我：「我當然願意。謝謝你，以量。」

「好的，就這麼說定了。」

「以量，我很早就知道你這個人了。去年你陪伴我媽媽的時候，我媽媽就一直叫我來找你。可是，我很生氣她為什麼這麼瞧不起我？為什麼連我的煩惱，她都要別人來插手？」

「沒關係。**每一個人都有他自己成長的時機**。只要時機到了，什麼話都可以放開來說了。你看！今天都沒有人逼你來，是你自己打電話來要找我談的。而且你把所有事情都告訴了我，還說得這麼清楚，我真的很感謝你。」

他不好意思地低下頭。

我繼續說：「其實，我覺得**你更需要感謝你自己。因為這一次你沒有選擇逃避。你勇敢地面對它。你要給你自己鼓勵，即便沒有人給你肯定。**」

「我還是要謝謝你。我知道你從去年就開始陪伴我媽媽一段日子了，她常常說你對她很好。我要謝謝你。」

「我只是盡我的責任。我相信沒有事情是意外的。我們兩個人要等到今天才能夠見面，我相信，老天爺一定有一些事情是要我們兩個人一同去做的。下個禮拜四下午兩點我們再見面，好嗎？」

「好的。」

過往的恨與埋怨，在死神面前，變得微不足道

我們兩個人站起來，從花園走回三樓的病房，病床上躺著的是他的媽媽。她患了乳癌末期，癌細胞已經蔓延到骨頭。身體消瘦的她已無法行走，甚至無法翻身。

他的媽媽看著我：「你們回來啦。」

我對她說：「阿姨，我和你的孩子談了將近三個小時。下個禮拜四下午，我們三個人再多聊一次，好不好呀？」

「好呀。」

「那我下個禮拜再來看你嘍！」

正當我在和女病人對話的時候，我看著年輕人一聲不響地走進病房，坐在床旁邊的沙發上，身體依偎著媽媽，伸出右手不斷撫摸著媽媽的左手。他的眼神流露出對媽媽無比的不捨。

我對她，也對他說：「我先走了。下個禮拜見。」

他們兩個人不約而同地說：「謝謝你，以量。」

關門的時候，我看到媽媽很用力地把身體轉向男孩的方向，用自己的手撫摸孩子的手。我安靜地把門關上。

走在長廊上，我的內心，有很深的感觸——那些過往的恨與埋怨，在死神即將到來之前，早已經微不足道。如今，牽手變成生命唯一可做的事。
我想，他們母子倆和我一樣，都很期待下個禮拜四的來臨……

（待續）

媽，我要你開心

——我也要我們都開心

我不知道你有多辛苦，
你要說，我才可以為你做事情。

【前情提要】十九歲的大男孩曾經因為家庭破碎、失戀及服兵役的過量壓力，而企圖服藥自殺。被救回後，患了末期癌症的媽媽向爸爸提出離婚。他和媽媽搬出來住。現在媽媽的生命垂危。大男孩與媽媽的關係因為種種緣故，愈來愈無法溝通。我們三人決定要在禮拜四的下午，來一次心靈對話……

今天是禮拜四。下午兩點鐘，我踏入病房，看見躺在病床上的女病人對著我微笑。她十九歲的二兒子已經坐在病床旁的沙發上，等著我到來。

我向他們兩人問好。

我邀請男生坐最靠近媽媽的那張椅子，而我選擇和他坐在床邊的同一側，好讓臥病在床的媽媽可以同時看見我和她的兒子。

我開門見山：「今天誰要先開始說話？」

媽媽對我說：「你先開始。」

「我要怎麼開始？要你們其中一個人先開始啊。」

她看著兒子：「那你先開始。」

男生看著我：「我要怎麼開始？」

我做出邀請：「你可以先說說我們上禮拜在花園裡談了什麼。你也可以決定要讓媽媽知道多少。」

我對他們兩人說：「今天我們不是要評論誰對誰錯，也不是要指責誰做錯了。這一次的對話，目的主要是讓你們兩人多瞭解對方一些。可以嗎？」

兩人點頭，同意。

我很清楚，我存在的功能就是讓他們倆盡量說出真心話。

選擇用「我不喜歡你」，來替代「我恨你」

兒子也開門見山：「我要說一說我的氣憤。」

我讓男生自由地說出屬於他自己的憤怒。那是他對父母的憤怒，對他們夫妻倆破碎婚姻的憤怒。

男生愈說愈激動。他對著媽媽，幾乎用轟炸的語氣。有一句話，他說出口：

「我恨你！」

我阻止他繼續說下去，詢問媽媽：「他這樣說，你覺得怎樣？」

媽媽出奇地冷靜：「讓他繼續說，我就是要他說。我從來都不知道他心裡到底是怎麼想的，我要知道。請讓他繼續說……」

在死亡跟前，病人不再需要防衛來辯護自己；她內心變得很柔軟。此時此刻的她只想要聽兒子說真心話。

我問病人：「媽媽，我們真的還可以繼續讓他說下去嗎？」

「可以。沒問題。」

我轉向兒子問：「你知道我為什麼要你先停下來嗎？」

「我知道，你不要我說出一些話傷害她。」

「你是聰明人。現在你媽媽要你繼續說，你要繼續說嗎？」

他選擇繼續說：

「我不喜歡你。」

我謝謝他選擇用「我不喜歡你」來替代「我恨你」。

他對媽媽說：「我不喜歡你一直認為只有你自己是最可憐的，一直認為只有你自己是被丈夫拋棄的。你知道嗎？我做什麼都不對。我幫爸爸買便當，你問我為什麼要買給他；我不幫他買，你又說我怎麼可以對爸爸這麼狠心。你說，你到底要我怎麼做?!」

有些母親無意識地想要時時刻刻操控孩子，不管孩子做什麼都是錯的，導致他們動彈不得。孩子做或不做，有些母親都有辦法讓孩子們感覺自己很糟糕。

媽媽哭泣了：「我知道你很辛苦。所以生病的時候，我不在你面前哭。」

媽媽的哭泣，反而讓兒子更生氣；兒子愈是生氣，媽媽就覺得自己更可憐。如此惡性循環的互動方式，很累人。最令人納悶的是，兩個人都走不出那輪迴般的循環。

兒子說：「我就是討厭你這種樣子，好像自己什麼也做不了，就只會可憐自己。其實你辦得到的。」

媽媽說：「你要我怎麼做？」

「媽，我不要你再哭哭啼啼了。」他繼續說：「我也不要你總是覺得我很沒有用。我不要你自己忍痛，一直不告訴我。我不知道你有多辛苦，你要說，我才可以為你做事情。」

兩個人的關係裡，不可能只有一個人需要開心

男生一口氣說了許多，我看到他的呼吸是急促的。

我說：「你在表達這些話的時候，是生氣的。」

「是的。」

「我看到你在氣這麼多年來，媽媽從來沒有好好地對待過你。」

「是的。」

媽媽繼續說：「那你要我怎樣？」

兒子更生氣了：「我都說了，說了許多！你怎麼一句都沒有聽進去？」

我試著說出媽媽的內心話：「**媽媽不知道你要什麼。因為，你剛才所說的全部都是你不要媽媽做的**。媽媽都聽到了。你不要媽媽哭，你不要媽媽自己忍著痛。可是，媽媽不知道你要她做什麼。你知道嗎？當你在餐館指著菜單不斷告訴服務生說：『我不要這個、不要那個』時，服務生是沒有辦法幫你點菜的，因為他不知道你到底要吃什麼。你明白嗎？」

他點頭，他知道我在說什麼。他想了很久，然後說了一句話：「媽媽，我要你開心。」他被自己的這句話而感動，眼睛隨之紅了起來。他很用力地甩了甩頭，彷彿想要把眼淚甩回眼睛裡。

「很好。原來你說了這麼多，就是要你媽媽開心。還有呢？我覺得你有一些話還沒有說出來。」

他說：「媽媽，我要我開心。**我要我們開心。**」

這個男生，沒有學過心理輔導，可是久病成良醫。他非常清楚在兩個人的關係裡，不可能只有一個人需要開心。尤其是在我們東方人的文化裡，要兩個人一起開心，才算是開心。

我稱讚他：「你說得非常好。」

接著，我望著病人說：「媽媽，你聽到了嗎？」

「我知道了。」她哭泣了。

「那剩下的這些日子裡，讓你的兒子和你一同經歷一些開心的時光，好嗎？」

「好。」

憤怒的背後，是受傷了

接著，她很用力地向兒子伸出手，問：「我可以怎樣讓你開心？」

男生也伸出手，握住媽媽的手。我表達我很欣賞**媽媽直接向兒子發問很重要的問題。**

兒子說：「每一次我來探病，你都愁眉苦臉。我知道你很痛。但是可不可以每一次我對你微笑時，你回我一個微笑？除了爸爸、除了你的婚姻，我們還有許多事情可以談。我可以告訴你我準備要進大學的開心生活，還有以前很多我們一同開心的事情，對不對？」

男生用拇指不斷揉搓著媽媽的手掌。媽媽點頭，淚依然無法停住。

我同意兒子所說。媽媽都快要死了，為何還要讓悲傷、自憐來左右彼此剩餘不多的相處時間？

男生握住媽媽的手，說：「今天，以量讓我們說出自己心中的話。你說出你的難過，我說出我的生氣。然後，他想要幫助我們如何在我們的關係裡，一同尋找開心。」我感謝他能整理出這麼精簡的觀察。

順著他說的這一番話，我看著病人：「對於他的氣憤，你想要說什麼嗎？」

她笑著說：「他每一次對我說話都是很激動的。」

「是的，因為他心中有許多憤怒。其實你知道嗎？**憤怒的背後，是受傷了。他受了傷，讓他自己也承受不來。**」她點點頭。

「那你有什麼話要說嗎？」我想讓媽媽繼續多說她的難過。

「過去的，都過去了。」

我邀請媽媽說出真心話：「真的嗎？過去的，真的能夠成為過去嗎？」

男生想要插嘴說話，我用手示意他先不要開口。

我希望媽媽能說出最貼近自己內心的想法。

她說：「當初沒有人願意聽我的難過。我跟朋友們說，他們都不聽，他們也沒辦法幫助我。我向神求助，也沒看到回應。只有他（她指著兒子）在我身邊，所以，我每天都對他說。那時候他很小，只有一年級，他都聽。不知道為什麼，他上中學後，就變了，變得不想再聽我的話，變得我對他說什麼，他都反對，他都激動！」

「所以，你感到……」我問。

「所以，我感覺到很孤單。」媽媽的眼淚流了下來，孤單的語氣讓手都顫抖了。

「所以，你一直以來都感覺到很孤單。阿姨，你記得嗎？在這一年來我陪著你的時候，你曾經和我說過你從小就感覺到無比孤單，而不只是因為這段婚姻關係才開始的，你記得嗎？」

媽媽點點頭：「我從小父母就離婚。我跟著我媽住。我是大姊，要照顧每一個人。我犧牲自己，沒有上學，沒有為自己爭取什麼。」

我說：「謝謝你告訴我這些……」

她繼續說：「我的婚姻很失敗。我用了很多方式來挽回這段婚姻，但還是覺得做錯了，做錯了。我希望天父會原諒我一切的過錯。過去的，都過去了。」

我再繼續詢問：「你口口聲聲說過去的，都過去了。可是每一次你說起傷心往事時，都會掉淚。我看得出你的眼淚好像沒法停止。你過去有太多的苦，真的能過去了嗎？」

「過去了。」

男生忍不住搶話說：「我沒有辦法看成那是過去。」

我問媽媽說：「你想聽聽看他怎麼說嗎？」

「好。」

男生繼續：「我昨晚整夜沒睡，在想：為什麼我如此孤獨？性格如此孤僻？全都是因為你們的婚姻。我是一個很喜歡家庭的人，可是看到你和爸爸這樣的婚姻，我不知道如何是好。我對自己未來的婚姻沒有信心。如果婚後我的太太也像你這樣，說真的，我不能擔保自己不會打她。我沒有辦法忘掉那些過去。我沒有辦法忘記你拿著菜刀去砍爸爸，更沒有辦法忘記爸爸帶女人回家胡搞還被我看到！」

這個男生，他的過去有太多的創傷。他的童年幾乎時時刻刻都背負著爸媽破碎的婚姻關係。

媽媽說：「我和你爸爸的恩怨已經一筆勾銷。那天他來這裡看我，我已經和他說：過去的一定要成為過去。你爸爸還答應我，要把我們兩個人的骨灰放在一起。我們……」

男生搶話說：「你們會成為過去是因為你們兩個都老了。可是我呢？我呢?!我當初沒有辦法專心念書，導致現在只能夠選擇大學那些不熱門的科系。就是因為你們，我才沒有辦法好好完成所有自己要做的事情。」

我接話說：「你是不是想要告訴媽媽：『你的生命在這個時候什麼都可以算了，可是我的生命還有大半輩子要走。我不想被你們影響，但我卻已經被影響得這麼深了。我要如何從你們的手裡拿回我自己的生命？』你是這樣的意思嗎？」

男生激動地說：「是的。我不要再被他們影響，我不要！」

媽媽問：「那我應該怎麼做？」

男生說：「你和爸爸好不好，跟我無關，因為你們就是這樣。很多事情你們都處理得不成熟。你們——」男生準備要繼續攻擊。

我阻止他：「你沒有回答你媽媽的問題。我想，**你的憤怒讓你聽不見媽媽的問題。**你聽到她問什麼嗎？」

「我聽到了，她問我她可以怎麼做。」

「是的。現在她快要死了，你要她如何做，才不會繼續影響你的生命？」他沉默。

我建議他：「你要媽媽向你說對不起嗎？」

他說不是。我說：「如果不是，那是什麼？」

「還是那句話，我要開心。我要接下來的日子，開開心心地和你在一起。我們的苦夠多了。我要開心。」

媽媽點點頭：「是的。我會開心。我也要開心。」

男生點頭。

我對他說：「不要以為我們的對談就停在這裡……」

（待續）

我不要你可憐媽媽

——我從來都沒有否定你

你不能原諒的是現在躺在這裡的媽媽，
還是你腦海裡的媽媽？

【前情提要】男孩終於和臥病在床的母親展開了一次深入的心靈對談。男孩坦言自己不喜歡母親，更生氣母親總是自怨自艾。母親表示自己自小就經歷父母的離異，長大成人後又面臨自己的婚姻失敗，所以才一直沉溺於過往的哀傷。對彼此敞開心扉後，母子倆做了一個決定，那就是兩人開開心心地過接下來的日子。但他們真的做得到嗎？

「不要以為我們的對談就停在這裡。」我對男生說：「我們的對話不能夠就停在這裡而已。為了公平起見，**當媽媽問你：『你要我為你做什麼？』的時候……**」

男生自己接話說：「**是時候輪到我反問她：『你要我為你做什麼？』**」

「你可不可以看著媽媽，再把這句話說給她聽？」

「媽，那，你要我為你做什麼？」

「沒有了，沒有了。我沒有什麼要求了。」

我對媽媽說：「我知道你不要兒子為你再做任何事情，我聽得清清楚楚，因為你覺得他已經做很多了。為你做了這麼多，而且還傷害了自己，影響了前途。可是，我們都知道你隨時要離開人間了，難道你心裡真的沒有對他有任何要求了嗎？趁著這個機會讓我們知道，好不好？」

她沉默了一下，彷彿每一句話都打進她的心坎裡。

男生想要接話，我揮手示意他先保持沉默，讓媽媽先說。

沉默將近十秒後，我以手勢鼓勵媽媽對兒子說出心中的話。

媽媽看著兒子說：「你可以原諒媽媽嗎？」

說了這句話後，她哭了。

這一回，輪到我主動伸出手去握住她的手，說：「辛苦你了。你要說出這一句話，真不容易。當初那些難過、委屈、無助，沒想到竟然影響你的二兒子這麼深遠。現在，在你還沒有去世前，你希望兒子能夠原諒你，是不是？」

媽媽的眼淚不斷地流，不斷地流。

「我們現在聽一聽你兒子怎麼說，好嗎？」

躺在這裡的媽媽，與腦海裡的媽媽

我轉向男生：「你心中有答案嗎？」

「可以，我可以原諒你。我——」

我連忙阻止：「等一下，我不要你可憐你的媽媽。我不要你因為看到她要去世了，所以說你原諒她。這樣的原諒，你媽媽也不要。我感受不到你的真心原諒。你能不能夠說出你心中最真實的話語？你是知道的，你再怎麼說，媽媽都不會怪你。對嗎，阿姨？」

媽媽點點頭。

男生想了許久，一句話都說不上來。

「你停了很久。能不能夠告訴我，你現在在想什麼？」

男生說：「我頭腦很亂。」

「謝謝你這麼誠實地告訴我，你現在心中很亂。你現在很亂是因為……」

「如果我說我原諒她的話，是假的。我沒有辦法忘記那些過去、那些她做出的所有過錯，因為那些部分已經影響了我。」

「是的，這個無法忘記的部分，我想你無法原諒。可是，是什麼原因讓你覺得很亂？」

「因為，現在她隨時都可能去世，如果我不原諒她，她的心裡會很難受。」

「我可以繼續向你發問嗎？有些問題，我想要繼續挑戰你，可以嗎？」

他說：「可以。」

「**你不能原諒的是現在躺在這裡的媽媽，還是你腦海裡的媽媽？**」他被我敲醒了，神情及眼神頓時有了改變。

「這個媽媽，我可以原諒。我只是沒有辦法忘掉那些過去。」

「很好。我沒有辦法幫助你放掉那些過去，也沒有辦法阻止你繼續生氣。因為，那些過去，那些憤怒，是你所擁有的，統統都是屬於你的。要是你想緊緊地抓住不放，我和媽媽都會尊重你的決定。」

我用手指著病人，對男生說：「可是，現在**躺在這裡**的媽媽，她問你可以原諒她嗎。**躺在這裡**的這個媽媽，她還有任何的殺傷力嗎？」

「沒有。」

「她還有沒有試著想要影響你？或者掌控你？」

「沒有。」

不能忘記過去，並不代表不能夠原諒你

我打開雙手：「所以……」

「媽，我原諒你……對不起……我原諒你。我會好好照顧自己。我不能忘記那些過去，可是並不代表我不能夠原諒你。對不起。我原諒你，我一定會原諒你。」

男生每一句從口中說出來的話語，非常有感染力。我感受得到他那份真正寬恕媽媽的力量。我讓他們兩人牽著手，相望。媽媽的眼淚不斷流下，男生的淚水也終於決堤。

兩人的手緊緊相握，此刻再多的言語都變成多餘。我讓沉默陪伴著我們，片刻。

「媽媽的心情，現在怎樣了？」

「很平靜，很平靜。」

「真好。你的生命太多苦了，現在是時候讓平靜來到你的生命了。」

「謝謝你。」

我問男生：「你呢，你現在心情怎樣了？」

「嗯，我心裡也很平靜。」

「非常好。你要記得今天我們的對話。你和媽媽之間除了憤怒、掌控以外，還有這感動的時光，知道嗎？你和媽媽都值得擁有這些感動而且平靜的時刻。」男生很聽話，點點頭。

孩子的滿足，再簡單不過

「好啦，我該做的事情都做完了。在我還沒有離開之前，想問你們兩個人最後一個問題。」我先問病人：「媽媽，我想問你，你的兒子今年幾歲了？」

「十九。」

「你把他生下來，你陪他、他陪你，你們彼此度過十九年。」

「嗯。」

「你能不能夠告訴我，這十九年以來，你的兒子**做了什麼事讓你感覺最開心？**」

她還沒有說，就哭了：「我記得，我記得。那是他五歲的時候，每一次經過金鋪，我都站在櫥窗前面，看著窗內擺設的金鍊子。我沒有錢買。他很小，拉著我的裙子說：『媽媽，不要再看了。長大以後，我買給你。』」

「這麼窩心的一句話，你現在說起，眼淚又流了下來。你的眼淚是傷心，還是感動？」

「我很感動。雖然知道他到現在都還沒有能力買給我，可是那一句話讓我很開心。」

她看著兒子，兒子已經哭到整個眼睛都紅腫了。我想，他萬萬沒有想到自己五歲時的那一句話，媽媽一直都記在心上。

她繼續說：「他小時候，常教我成語。我有很多成語都是從他身上學來的。他七歲的時候，我和他的爸爸已經很不好了。有一次，我在廚房擦地，叫他不要走進來。他說：『媽媽，我教你一句成語，我們一同「苦中作樂」。讓我來幫你。』」一個如此貼心又細膩的男生，難怪會被父母的婚姻關係影響如此深遠。

她繼續說：「每次做完家事，他還會替我按摩、捶背。」

男生撒嬌地說：「可是，長大後我幫你按摩、捶背，怎麼做，你都不滿意了。」

「不是的。我是因為看到你不開心，所以才不要你做。」

「你不知道我多麼想為你做所有的事情。」

我對病人說：「其實啊，你的兒子一直很需要你的肯定。他在中學那段期間，很需要你的肯定，可是發現不管怎麼做，你都不肯定他。現在的他，也變成不肯定自己了。他不管做什麼，都在懷疑自己的能力。你是這樣的否定他嗎？」

「我從來都沒有否定你。可是你一直這麼想，我也沒有辦法。只是我的問題也沒有辦法解決，所以才這麼煩躁。」

我問男生：「你聽到了什麼？」

「嗯。我聽到了。」

「你聽到什麼？」

「是我自己不肯定自己，不是媽媽不肯定我。」

媽媽繼續說：「他在我心目中，是最棒的一個男孩子，也是最乖的！我怎麼會否定他？」

「這一句話說得真好。**你要多說這樣的話，那麼你的兒子會開始再次思考他的能力。**」

我看著男生說：「你有什麼話要說嗎？」

「我會去好好想一想。」

「好。那最後一個問題，我來問你。你媽媽也陪了你十九年，你最開心的回憶是什麼？」

「那年我七歲，我們一同去遊樂場。吃午餐時，媽媽拿起小剪刀，幫我把雞腿剪成碎肉，我記得很清楚。我很開心。那是我童年裡最能夠記起的事情，雖然很簡單。」

媽媽一個簡單的動作，男生放在心裡良久。無他，因為那是媽媽給予的溫暖及細膩。

他繼續說：「還有，小時候，每一年我過生日，她都會為我煮一碗麵，而那碗麵上面一定會加上紅蘿蔔絲、髮菜、小黃瓜，做成我的頭髮和臉蛋。那時候，我的臉很圓，頭髮很短。」

男生對著媽媽問：「你還記得嗎？」

媽媽看著他：「我做的，怎麼會忘記？」

他們不約而同地笑了。

我聽了，心裡感動滿滿：「謝謝你，我聽了好感動。媽媽只需要做一些很簡單的動作來關心你，你就很滿足了，對不對？」

他點點頭：「嗯。」

不要放棄繼續對話

「謝謝你們。我今天從你們身上學到了很多，謝謝你們。我很感動，很感動你們如此真誠地對話。謝謝你們。」看一看手錶，我說：「我要走了。我把這個空間留給你們，讓你們繼續對話，繼續說出彼此感動的事情。不要放棄繼續對談，好嗎？」

我還說：「我聽到你們的開心事情都是發生在孩子七歲以前。我相信有一大部分的時光，你們都不開心。所以，我覺得現在可以再啟動開心了，好嗎？」

他們平靜的心情、連結的親密，早已感受到彼此的關懷了。我這些話語，都是畫蛇添足。

我站起來時，男生也站了起來，緊緊地握住我的手，說：「謝謝你，謝謝你！」

我感受到他那份感動：「不用客氣。」

接著，我握住病人的手：「阿姨，你好棒！」

病人說：「我不會忘記你的，以量。我去世後見到神的時候，一定會叫神不管怎麼樣都要來愛你。」

「謝謝你，阿姨。」

坦誠與諒解，讓關係有機會重新連結

離開病房，我的心情沒有辦法像他們兩人如此平靜。其實我還頗激動的。

我走進洗手間，躲在裡頭，自己哭了。這些眼淚都是述說著我和我媽媽的關係。我不禁想起了已經去世多年的媽媽，我思念她給我的愛、溫暖及細膩。媽媽的愛，從來不曾在我的生命裡缺席。我感恩媽媽，雖然她已經不在人間了。

我們這些從破碎家庭長大的孩子啊，都是因為受傷及誤解，讓本來該親密的關係變得糟糕；卻又因為彼此願意坦誠說出受傷的畫面、做出諒解，讓該親密的關係，有機會重新連結。

謝謝這對母子，給我如此大的信任，讓我能夠在病人臨終前，有了一番對談。這人生，誰說一定要執著於對與錯？

與其說是我成功讓他們母子倆重新連結，倒不如歸功於「死亡」。死亡的力量比我們想像中大得多。他們倆因清楚地知道生命的有限，而不再選擇防衛、反擊或相互指責。

在死亡之前，我們三人都變得柔軟及謙卑。母子倆溫柔地接著彼此的傷口、聆聽、詢問、澄清，這過程是如此的美麗。

一個禮拜後的早上，病人的兒子傳簡訊給我：

「以量，我媽媽今早去世了。我一直都陪在她身邊。謝謝你，以量。謝謝你。」

在兒子的陪伴之下，病人吐出生命最後一口氣，離開人間。

告訴自己：

「〇〇（自己的名字），我要感謝你。因為這一次你沒有選擇逃避。你勇敢地面對。你要給自己鼓勵，即便沒有人給你肯定。」

那一晚的告別會
——人生，到底是誰在幫助誰？

我不想用正能量的話語填滿這充塞著死亡的空間，我就是安靜地聽。他對自己的人生做出的任何解讀，我都給予允許及尊重。

我推著坐在輪椅上的他從病房走入電梯。當電梯門一關，他以無奈的眼神看著我說：「我很難過。這將是我最後一次出外吃晚餐。」

我沒有多做回覆，點個頭，給了他微笑。

我們都知道，臨終的病人時日不多。前一天，他要求醫師准許他外出吃一頓飯。

我們團隊立即開會，醫師和護士叮嚀我說要準備一瓶隨身攜帶的氧氣瓶、多種相關藥物，還打電話給相熟的救護車司機，萬一有任何緊急狀況，請司機隨時準備載送我們回院。

為什麼是我陪他去吃晚餐呢？

他是一名七十多歲的獨居老人，無依無靠，已經在醫院住了三個月之久。而他住在這裡多久，我就陪了他多久。並非所有病人都需要醫療社工，我被安排成為他的醫療社工，全是因為我們醫院上上下下沒有一個員工不曾被他罵過。他是大家心中最難搞的病人。

就這樣，我成了他的「監護人」，當晚要負責帶病人出去吃晚餐。他要去的地點不是豪華餐廳，也不是去吃全城聞名的美食，他只想去他以前居住的社區附近的一間小店，吃一盤海南雞飯及喝一杯熱茶。

電梯一打開，不遠的前方就是醫院大門口的計程車站。我們坐上計程車，往小店駛去。

他不用氧氣瓶，為了最後的尊嚴

一路上，他很安靜。我也不想太干擾寧靜的時刻。

抵達小店後，他用顫抖的手指稍微指了一個角落，告訴我：「那是我常坐的地方。」由於從醫院到計程車，再從計程車到小店，我們移動了他兩回，所以當下坐在輪椅上的他很喘，臉很白，手很抖，一直冒冷汗。然而為了照顧自己的尊嚴，他跟我說他暫時還不需要氧氣瓶。

他叫我去點了一碗苦瓜湯和一碗白飯。他說海南雞飯，他吃不到了，太油，很難消化。

有不少街坊及小吃攤的小販也同時走過來，跟他打招呼。他向他們一一揮手、點頭、微笑。大家詢問他的狀況，他就用食指指著我，希望我能代替他一一回答。氣喘的他只是負責點頭及微笑。

那一刻，我懂了。他想要外出不是為了苦瓜湯或者海南雞飯，他是來找他的朋友告別的。我變成了一一告訴大家他現在住在哪裡的發言人。該說的我都說；不該說的，我就和他一樣，微笑及點頭。

小販端上一碗熱騰騰的苦瓜湯，配上一小碗白飯，堅持不收費，送他吃。雖然他沒有親人，可是這裡的街坊及小販們，讓我感覺就是他的「家人」。

我們坐在那兒一個小時，他很用力地吃飯，半碗也吃不完。

離開之際，他和大家揮手、微笑、點頭。他比任何人都懂，這將是他最後一次見他們了。坐在計程車裡，他的目光沒有離開小店。

回程時，他感觸地向我說對不起。他說：「阿量，對不起，耽誤了你的下班時間，不好意思。」

三個月前，我認識的他脾氣暴躁。生病的人特別容易暴躁，這我很能諒解。如今變成如此柔軟及謙卑的他，我看了，心裡既感恩，也難過。

計程車把我們載回醫院。電梯一打開，再一次，我推他進入電梯，他對我說：

「我們完成了。謝謝你，阿量。」

我們不約而同對著彼此點頭、微笑。

我不要自己一個人

對於日漸衰退的身體，接下來的日子，我們預計他將會長期臥躺在病床，需要護士全天候地照料。然後在昏迷狀態中，漸漸死去……

這一次外出，也意味著是他人生中最後一次的外出了。

當我把他送回病房後，他對我說：「陪我聊聊天，好嗎？」

我沒有拒絕。今天晚上的時間，本來就是留給他的。我拿起一張椅子，擺在床邊，坐下，看了看掛在牆上的時鐘，晚上八點四十五分。

就這樣，戴著氧氣罩的他，依然堅持和我再談半小時之久。

「我不要自己一個人。」

「我不要我死的時候，沒有人看顧我。」

「我愈來愈氣喘。」

「我很難過。」

是的，每一句他說的話，我都在聽。大部分時間，我只是在聽。眼前這位男性長者，雖然氣喘，但是全然打開心門。可惜，那裡頭只有寂寞、焦慮、害怕，還有難過。

他坦言：「做人，做到這樣，我真失敗。」

說到這裡，他哭了。

我不想安慰他，也不想鼓勵他，更不想用正能量的話語填滿這充塞著死亡的空間。我就是安靜地聽。他對自己的人生做出任何解讀，我都給予允許及尊重。難得他願意哭，我就安靜陪伴。

他說對不起，我說沒關係。最後，他還是決定今晚不要哭，因為，他還得在今日深夜與寂寞共存。他不想讓寂寞得逞。愈哭泣，寂寞愈得逞。

他說：「可以了，你走吧。不要再耽誤你的時間了。」

晚上九點半，我還是選擇留下來再與他多談一會兒。因為，可以談話的時光，應該也不多了。醫師也曾經跟我說，要是癌細胞蔓延到他的腦部，他就會陷入昏迷。現在背部的疼痛，已是跡象之一。所以，我珍惜可以與他談話的時光，雖然已經工作了一整天。

我再繼續聽一聽他的生命故事，直到十點整。

他說：「走吧，阿量。你累了。真的要回去了。明天早上，還有很多病人需要你。」

坦白說，我愈來愈喜歡他的真誠及柔軟。一個當初怒氣沖沖的老人家，如今充滿了很多關懷，雖然他自己沒辦法解決自己的問題。

走之前，他說：「阿量，很感謝你。我知道這些陪伴都不是你的工作，你已經做出了超出你該做的本分。我很感動，也很感謝你這三個月的陪伴。我不知道怎樣報答你。」

我比誰都清楚地知道，今晚他除了與他的「家人們」告別，也在和我告別，畢竟，他已經把我當成是他的「家人」。只是我們倆看破，都不說破。

我也趁著這個機會和他說：「其實我也很謝謝你。看見你如此真誠地與我分享內心世界，我覺得和你很投緣。我不覺得很有壓力，反而我能付出多一些，就是多一些。謝謝你讓我陪伴你。」

站在門口，我給他一個深深的鞠躬。他合掌看著我，點頭、微笑。

隔天早上，我回到醫院，床已經「空」了。我再也看不見他了。他在當晚和所有他重視的人告別後，於深夜裡，悄然離開人間……

謝謝你讓我陪伴你

那一個夜晚，其實至今已經過了十多個年頭。我寫到這裡，依然無法忘記那個晚上的道別，尤其是他的點頭、微笑，還有那些對談。

這三個月，我和他說了很多話。但是，我並沒有告訴他有關我和我父親的故事。照顧這位男性長者的那段日子，我一直想起十三歲時，我那四十多歲、病重在家裡養病的爸爸。那段日子，我爸爸也是一個很寂寞、不善言辭、脾氣不好的男人。年少的我並沒有足夠的智慧及成熟度，陪伴自己的父親去世，更不要說可以和爸爸有如此深入的交談。

那一年，我錯過了很多能對爸爸說一聲「爸，謝謝你」，或者是「爸，對不起」，也或者是「爸，我原諒你」的寶貴機會。因此，當我能真誠地向這位男性長者說聲「謝謝你讓我陪伴你」，其實這些言語背後透露出，我也在圓滿著一些我無法陪伴爸爸離世的缺憾。**與其說是我在協助他，實質上，他也同步在療癒著我和爸爸之間那些未竟之事。**

人生啊，到底是誰在幫助誰，誰才是助人者，還真的說不準啊。這位長者在去世的前一晚，口口聲聲說自己很失敗。但至少於我，他的生命哪裡有失敗。至少，十多年後的馮以量依然不曾忘記那一晚的告別會。

後記／別再弄丟自己了

這是最後一篇文章了，真心地謝謝你能閱讀到這裡。

不曉得你是否也和我一樣，在這些故事情節中，看見過去的自己？不曉得你是否也和我一樣，發現有些心中莫名的情緒是不屬於自己的？

也許那是莫名的憤怒，或是莫名的哀傷，盤繞在心中多年。不曉得你是否想過，這些林林總總的情緒，該是屬於誰的？而你又背負了這些傷害到底有多久？

那些你不曾探索的過去，它在影響著你。

小時候不曉得如何應對，也沒有大人教導我們如何讓哀傷流動及表達憤怒，就讓大部分無法解決的情緒，隨著時間的洪流給沖走。殊不知，這些情緒並沒有離開，它們只是隱藏在我們身心的某個角落而已。

這些情緒只是等待著一個外在的觸碰點，它便迫不及待地，隨時隨地跳出來，影響你目前的生活作息，破壞你的人際關係。這些揮之不散的負面情緒排山倒海，教人無法喘息。你心裡知道，它確確實實影響著生活的氛圍、關係的親疏。

這些年，只要看到有當事人以這樣的形容來描述自己的生活狀況，又找不到任何原因，我通常都會邀請他回到原生家庭去探索。

陪伴的案例多了，經歷的痛苦多了，我有了一個新的體悟：我發現有些苦、有些憤怒、有些哀傷，它的源頭是更深遠的。

有一次，我雕塑當事人的原生家庭時，始終沒有辦法看到「什麼」。我原以為那是自己的功力不到家，或者是他對實情有所隱瞞。以往很多次的實務經驗告訴我：只要一個人將自己的原生家庭畫面貼切地雕塑出來，好多來龍去脈便會一目瞭然。

唯有那一次，當事人在雕塑的過程裡，一次又一次地告訴我，不是這些，也不是那些，不是這裡，也不是那裡。我感謝他如此信任我，也相信他沒有隱瞞我。

在這種彼此信任的狀態之下，他帶我走到一個更遠的地方。他說，他要看看爸爸及媽媽的原生家庭，我就順著把當事人父母的兩個原生家庭雕塑出來。當事人站在父親的原生家庭雕塑前，情緒就跳了出來。

是的，這就是代際傷害的源頭了。

當事人說每一次自己有莫名的哀傷，原來那觸碰哀傷的、讓自己不安的，就是這裡了（指著爸爸長期被爺爺忽略的經驗）。

我也回應他：「是的，我們終於找到源頭了。」

看見了代際傷害的源頭，你想要如何再做選擇？

這個學習，對我來說，收穫很大。

有些負面的情緒，大部分是來自於自己長大的原生家庭，或者小時候的環境等。可是有時候，有些莫名的負面情緒是更深遠的，它可能是來自於父親的、或者母親的原生家庭。也就是說，小孩子在很小的時候，一個不小心吸收了不該屬於自己的情緒。

小孩會透過父母從原生家庭所帶來的思維、情感、行動（各個層面上），一點一滴地去體認及感受大人們所認為的生命，同時也同步去刻劃小孩自己所體認的生命。

例如：女兒小時候聽到母親抱怨她在年幼時如何被爸媽欺負，活得像個灰姑娘。聽著故事的女兒會替媽媽打抱不平。

又或者，男孩小時候聽到母親年幼時被父親拋棄，目睹母親述說著過去時的痛苦，便吸收了母親當下的苦。有些男生從小就做一個決定：要永遠保護母親，不離棄她，要體恤她的苦。

我想，或許小孩自小就有一種拯救父母、拯救世界的心態吧。

也或許小孩都有一種與生俱來的憐憫心及惻隱之心。就正好這些拯救的心態，這些細膩的心靈，讓小孩有了一種用一生去承諾的使命：「我要爸爸（及／或媽媽）快樂。」

一旦內心產生這種使命，小孩不管是潛意識、無意識或有意識地，都開始一點一滴去吸收並不屬於他的苦。這可能是父親年幼的痛、媽媽年幼的苦、父親的委屈或母親的辛酸，而內心繼續吸收了大量來自父母的哀傷及憤怒。

就是這種原因，所以我常說：「有些負面情緒是不屬於你的。」

若是再正確一點，我必須說：「這些負面情緒是屬於上一代，甚至是上幾代的生命故事。它無法在上幾代裡全然散開，所以就像過剩的洪水般，撞擊了你這一代的心靈。這也是為何我們長大後，時常會有莫名的負面情緒湧上心頭。生活上的一點小事，就會激怒你，或者就會讓你莫名地把它給破壞掉。如果你不處理好，它也將會直接衝擊你下一代的心靈。」

因此，當我們回去探索並找到源頭之後，請不要停在那裡。我們助人者的工作，不只是要讓對方宣洩他們的情緒，也不只是要讓他看到源頭而已，而是——讓他看到了，然後鼓勵他創造一個新的可能性。

在這個關鍵點上，我時常會詢問當事人：

「在這裡，我們可以有什麼改變的可能性？」
「你看見了（代際傷害的源頭），你想要如何再做選擇？」
「你現在可以做出和父母當初不一樣的選擇嗎？」

這些話語，都是我常對個案說的。

讓自己成為愛，是愛轉化那苦

有些成年孩子選擇在內心裡，把母親「還回」給外公（或外婆）；有些成年孩子則選擇把父親「還回」給祖母（或祖父）。畢竟只有外公、外婆、祖父及祖母，才是我們父母的父母。

我們要清楚地知道，我們這一代的成年孩子永遠都無法成為我們父母的父母，更不要說去拯救他們了。

有些成年孩子則選擇尊敬過去發生的一切事件。用鞠躬的、跪拜的、敬茶的及擁抱的動作，來表達對過去這一切的感恩及順服，原諒那些傷害我們父母的人事物。

或許我們無法忘記這些事件，然而，我們可以放下這些仇恨或受的傷。我們改變不了過去所發生的事，但是，我們可以改變自己如何看待過去。

有些成年孩子則坦誠地告訴我，他們無法原諒及寬恕這一切的過去。我常建議：那就選擇接受自己在這個生命階段上，無法原諒及寬恕這一切。**我們要對自己良善一些，接納自己無法原諒這一切，試著接納自己的不接納。**

有些成年孩子則表示：「我不要再把這些負面情緒還給他們（父母），我不要這樣對待他們。他們也很苦。」

我也同意不要把所有事情都還給父母，因為現在的父母已經不再是以前的父母了。

我們不妨試試可以把傷害還給「過去」，把愛留給自己。讓「過去」接下這些傷痛；讓現在的你，開始擁有自己給出的愛。

有些成年孩子的承接能力更為驚人。

我記得在工作坊裡曾經有一幕，當事人對著那些在現場扮演的祖先們說：「讓這負面的一切就停留在我這裡吧。我願意承受這些苦，就讓它們統統都停留在這裡吧。要是我受不了這些苦，我會請求菩薩協助我。我不願意把它帶給我的孩子們，更不願意看到我的孩子們承受我所承受過的苦。我相信我是做得到的。」

當下，有一位扮演祖先的學員頓時忍不住哭著說：「你知道嗎？我們一輩子都在等著你的出現，為我們這些一直處在黑暗裡的阿公、阿嬤尋找光亮，讓我們這些多年處於受傷的經驗都變得有意義了。謝謝你繼續尋找光亮。不要放棄，加油！」

看到這一幕，聽到這一番話時，我很動容。

是啊。在黑暗的地方，讓自己成為光亮；在受傷的地方，讓自己成為愛。過去所有的傷害都因此有了意義，也有了被轉化的可能性。是愛轉化那苦。

請別再弄丟自己了，好嗎？

★

我終於寫完了。謝謝你如此用心地閱讀此書。

謝謝大家，謝謝自己。

祝福大家，祝福自己。

國家圖書館預行編目資料

你背負了誰的傷：從家庭的原生三角關係，療癒代際傷害/馮以量著. --初版. -- 臺北市：寶瓶文化事業股份有限公司, 2022.5　面；公分. -- (Vision；227)
ISBN 978-986-406-288-1(平裝)
1.CST: 家庭輔導 2.CST: 家庭關係 3.CST: 親子關係

544.186　　111004406

Vision 227

你背負了誰的傷

——從家庭的原生三角關係，療癒代際傷害

作者／馮以量（馬來西亞家庭關懷及家族治療推手）
企劃編輯／丁慧瑋

發行人／張寶琴
社長兼總編輯／朱亞君
副總編輯／張純玲
主編／丁慧瑋　編輯／林婕伃
美術主編／林慧雯
校對／丁慧瑋・陳佩伶・劉素芬・馮以量
營銷部主任／林歆婕　業務專員／林裕翔　企劃專員／李祉萱
財務／莊玉萍
出版者／寶瓶文化事業股份有限公司
地址／台北市110信義區基隆路一段180號8樓
電話／(02)27494988　傳真／(02)27495072
郵政劃撥／19446403　寶瓶文化事業股份有限公司
印刷廠／世和印製企業有限公司
總經銷／大和書報圖書股份有限公司　電話／(02)89902588
地址／新北市新莊區五工五路2號　傳真／(02)22997900
E-mail／aquarius@udngroup.com

著作完成日期／二〇二二年一月
初版一刷日期／二〇二二年五月三日
初版十一刷+日期／二〇二四年四月二日

ISBN／978-986-406-288-1
定價／三三〇元

AQUARIUS 寶瓶 文化事業

愛書人卡

感謝您熱心的為我們填寫，
對您的意見，我們會認真的加以參考，
希望寶瓶文化推出的每一本書，都能得到您的肯定與永遠的支持。

系列：Vision 227　**書名：你背負了誰的傷——從家庭的原生三角關係，療癒代際傷害**

1.姓名：__________　性別：□男　□女

2.生日：____年____月____日

3.教育程度：□大學以上　□大學　□專科　□高中、高職　□高中職以下

4.職業：__________

5.聯絡地址：______________________________

聯絡電話：__________　手機：__________

6.E-mail信箱：__________________

□同意　□不同意　免費獲得寶瓶文化叢書訊息

7.購買日期：____ 年 ____ 月 ____日

8.您得知本書的管道：□報紙／雜誌　□電視／電台　□親友介紹　□逛書店　□網路

□傳單／海報　□廣告　□其他

9.您在哪裡買到本書：□書店，店名______　□劃撥　□現場活動　□贈書

□網路購書，網站名稱：________　□其他______

10.對本書的建議：（請填代號　1.滿意　2.尚可　3.再改進，請提供意見）

內容：________________

封面：________________

編排：________________

其他：________________

綜合意見：______________________________

11.希望我們未來出版哪一類的書籍：______________________

讓文字與書寫的聲音大鳴大放

寶瓶文化事業股份有限公司

（請沿此虛線剪下）

廣　告　回　函
北區郵政管理局登記
證北台字15345號
免貼郵票

寶瓶文化事業股份有限公司　收

110台北市信義區基隆路一段180號8樓
8F,180 KEELUNG RD.,SEC.1,
TAIPEI.(110)TAIWAN R.O.C.

（請沿虛線對折後寄回，或傳真至02-27495072。謝謝）